アルコール依存症の正体

私という酒乱はこうして生まれた

風見豊

22世紀アート
22nd CENTURY ART

まえがき

妻　風見幸子

ガチャーン！　座卓で酒を飲んでいる夫に背を向け、水道の蛇口《じゃぐち》をいっぱいに開き、夫の言葉に聞こえないふりをする私の耳元をかすめ、投げつけられたカットグラスが音を立てて割れる。

「ああ、やっぱり今夜も始まった」

そんな思いで振り返る。

怒りに目をギラギラさせた夫は、次々と手元にあった皿をたたきつける。激しい音とともに、割れたガラスが床に飛び散る。立ち上がった夫は、ベランダ側のサッシをこぶしで殴《なぐ》りつけている。

「やめて、やめて」

娘たちが私を庇《かば》い、夫に飛びついていっては弾《はじ》かれる。自分自身を傷つけるように、素手《すで》でガラスを割り、柱に頭を打ちつける夫。止めようと抱きついていく私の頭を夫は押し返し、強い力に身動きのとれない私の後頭部は、茶ダンスのガラス戸に押しつけられ、背中でガラスが割れる。一瞬、彼の力が緩む。

その場を逃げながら、下の息子に向かって「こっちに来ちゃダメ」と叫ぶ。

夫は体の力を抜かれたかのように、和室の畳に座り込み、じっとこちらを見つめている。

しかたなく床に散らばったガラスの破片《はへん》を片づけ始める。じゅうたんの上のガラス片は、一つ一つ手で拾っていくしかない。尖《とが》った切っ先が指にささり、血が出る。血玉《ちだま》がだんだんふくらんで、落ちた所が涙でにじんでいく。


夫がアルコール専門病院に入院する直前に繰り返された我が家の光景である。

「やっぱり今夜もやられてしまった」「飲み始めから危ないナと思っていたのに」「だから早々に夕飯を済ませ、大急ぎで片づけたのに」。そんなことばかり考えていた。

そして次の日の朝は、いつもと同じく、まるで昨夜《ゆうべ》は何事もなかったかのように始まる。

割れた茶ダンスの窓枠《まどわく》だけ持って、いつものガラス屋さんに行き、ガラスをはめてもらう。夫もいっしょに行くと言う。車の助手席に座《すわ》る夫は、憔悴《しょうすい》してもうボロボロという感じだった。二人とも黙って車中の人となる。

どうして、なぜ、この人はいつも怒っているのだろう。何を怒っているのだろう。私たちは、これからどうすればいいのだろう。この人はどうなってしまうのだろう。兄たちと同じく、死を選んでしまうのだろうか。

私の心の中は、夫に対する怒りよりも、いつも疑問と不安が渦巻《うずま》いていた。そして怖《こわ》かった。わかっているのは、夫も苦しんでいるのだということ、悲しんでいるのだということ。でも、どうすればよいのかわからなかった。一時的に消えたかにみえる夫の怒りは、何日かするとまた湧《わ》き上がってくる。

予防線を張るように、私は完璧《かんぺき》な妻になりきろうとする。文句を言われないため、彼の機嫌《きげん》をそこねないために。私に見えていたのは、彼の心の闇《やみ》だけだった。「さみしい」「さみしい」を繰り返す夫に、「私がここにいる」「子供たちがいる」と心で叫びながらも、なんの言葉もかけられなかった。夫に気を遣《つか》い、おどおどしながら暮らす私は、だんだん子供を犠牲にし始める。

父親に対する文句や不安を口にする上の子には「お父さんは辛《つら》いのだから、しかたないのよ」と封《ふう》じる。小さい子には、騒ぎ立てうるさくするのを止める。

夫の顔色を見ながら、その場その場で子供を抑《おさ》えにかかっていった。なんの説明もされず、子供たちは自分の気持ちを抑え、小さな心を閉じていくしかなかった。子供に「お父さんは辛《つら》いのだから」と言いながら、私自身、夫の怒りがなぜ私や子供に向けられるのかわからなく、怯《おび》えるばかりだった。夫がほんとうは何に怒っているのかさえわからなかった。

確かに、結婚してからの夫には辛いことが次々に起こって、ほんとうに気の毒だった。酒に逃げ、飲みすぎれば時々暴れるのもしかたがないと思い続けてきた。夫は「かわいそうな人」だから、私は耐えてこの人のそばにいてあげよう。私がいたから夫は死なずにいたのだ。私だからやってこられたのだ。そう思うことでしか、私は自分の存在価値《そんざいかち》を見いだせなくなっていた。

そんな中でも、まだ私は夫を信じていた。かつて夫は、半年、一年という期間で、酒を飲まずにいられる時期があったから。だんだんひどくなる酒乱に耐えながらも、もう少しすれば自省《じせい》してやめてくれる、そう信じていた。

しかし……。

夜中にカタッという音に目を覚ますと（そのころの私は、ほんの小さな物音でも目が覚めるようになっていた）、夫が裸でベランダに向かって座っている。その右側に、大きめのカットグラスが酒を湛《たた》えている。背中で泣いているのがわかる。近づくと、気づいた夫は「もう酒がやめられないよ」とつぶやく。その一言にドキッとして答える言葉もなく、深い絶望の中に落ちてしまう。

階下《かいか》で暮らす父が「ユーさんはアル中になってしまったんだ」と言い始める。しかし、アル中とはなんなのかわからない。治るのだろうか。不安がつのるばかりだった。

父がアルコール依存症を扱っているという病院を探してきてくれた。

「この人に電話しろ」とくれた名刺の、ケースワーカーという肩書の人に電話をすると、

「とにかく本人を連れていらっしゃい」

と言う。最初は嫌《いや》がったが、一晩考えた夫は翌朝早く、病院に行くと言ってくれた。さんざん待たされた後の診察室で、

「一種のアルコール依存症です。奥さんもだいぶ疲れているようだから、しばらく入院してあげませんか」

そんな医者の言葉を、夫はあんがい素直に受け入れ、病室に向かっていった。

夫が家からいなくなる。「もう夫に殴られるのは嫌だ」と思いながらも、十四歳のころからいつも身近にいた私にとって、家に夫がいない淋しさと不安はものすごかった。

次の早朝からかかってくる、夫の「アレを持ってこい。コレをしろ」という電話さえ、ホッとする思いで、日曜は山のような荷物を抱え、子供を連れて病院へ向かった。

ケースワーカーは、そんな私にニコニコしながら「ごくろうさまですね」と声をかけてくれたが、今思えばどうしようもない奥さんだと思ったに違いない。

最初の一ヵ月を淋しさと不安の中で過ごしたが、徐々《じょじょ》に子供たちの笑顔が出てきて、夜になるとリビングにふとんを敷《し》きつめ、転がってお菓子をかじりながらテレビを見る生活になっていった。子供が不安がるのでいっしょに寝ることにしたが、そんな生活は楽しくて、顔色を窺《うかが》う人がいないというのは、こんなに楽なのかと思い始めていた。夫は気むずかしく、神経質だったので、ズボラな私はいつも緊張し、夫の影を目の端《はし》でとらえていないと、いつ何をしかられるかわからないと思い込んでいたのだ。

三ヵ月後、そんなゆったりした生活を味わった私と子供のもとへ、夫が退院して帰ってきた。家の雰囲気は一変《いっぺん》した。なごやかさは吹き飛び、緊張の走る室内の空気は、まるで凍りついたようにピンと張っている。黙ったままの食事の後、子供たちは自分の部屋へ戻り、戸襖《とぶすま》を静かに閉めてしまう。家中がシーンと静まりかえっていた。またお酒を飲みだした夫に激しい怒りが湧《わ》いてきた。

「もうこんな生活に戻るのは嫌だ。こんな生活をしていたら子供たちが絶対おかしくなってしまう」

震えながらも、初めて勇気を出して投げつけた言葉で、夫は断酒会へ行き始めてくれた。入院中から、カウンセリングを受けていた夫は、断酒会通いと通院治療の生活に必死《ひっし》になった。だが、酒をやめ始めた夫のイライラが私たちを襲《おそ》う。いっしょに通う断酒会も、不機嫌《ふきげん》な夫に耐えながらの参加だったが、その中で夫が話す幼少年《ようしょうねん》のころの体験談は私の知らないことばかりだった。

「アル中の父と依存症の母」「虐待と貧困」「欲しがってももらえなかった母の愛情」。夫の淋しさがどこから来ていたのか。彼の中に住みついている「泣きじゃくる小さな子供」が、やっと見えた気がした。毎日の断酒会通いの中で、涙《なみだ》し、叫ぶように語られる、子供のころに受けた痛みやキズの数々、私に向けられていた怒りが、ほんとうはその哀《かな》しみだったのだと知り、私が心に受けた痛みも少しずつ和《やわ》らいでいった。語りつくすことで、彼の過去は、だんだん遠いものになっていった。

なかなか人の中に入っていけず、ひとりぼっちだった夫も、長い時間をかけて努力したおかげで、今では誰とでも話ができる明るさを取り戻している。

くったくなく笑う夫を見るにつけ、治療してくださった病院の医師とスタッフの方々や、受け入れて、仲間と呼んでくれる断酒会の大勢の方々に、感謝しきれないほどの愛をもらったと実感《じっかん》している。

私自身も、断酒会などの自助グループに通《かよ》うことで、いかに夫に振り回され、自分自身をなくしていたか気づかされた。ひとりでは生きられず、アル中の夫に頼り、暴力さえ拒否できなかった弱さを認められて、心は少しずつ解放されていった。グループの人に会い、話を聞き、正直に自分を語る。そんな作業が自分を楽にしてくれることを知った。たくさんの人の前で、話をすることができる自分に、私自身がビックリした。今は、夫とともに生きる喜びさえ感じられるようになった。

これからも、仲間を信じ、歩き続けていきたいと思っている。

本書は、
私がアルコール依存症のカウンセリングを受けていた時期に重なる、
一九九〇年から一九九五年にかけて、
私という人間が形成されるに至った幼児期の家庭環境を見つめ、

心の奥底に封じてきた母への思いをさらけ出した自己分析の記録を、当時記したとおりにまとめたものである。

目次

一 「死ぬこと」と「生きる」こと

兄たちが死んで、次は私の番だと思いつつ酒を飲み続け、死のう死のうと思っていて、とうとう死にきれず今に至っている。青春の憂鬱期《ゆううつき》にも、自殺しようと故郷の北見《きたみ》まで行ったものの、果たせず離郷《りきょう》している。

結局のところ、私は兄たちと違って自殺とは縁のない人間だったのだ、と素直に認めたほうがよさそうだ。私にとって、自殺は現実逃避の夢であり、楽な生き方のみを願っていたわがままだった。

青春の憂鬱《ゆううつ》を引きずり、酒を飲みながら夢に囚《とら》われ続け、いつまでたっても自殺を実行できないでいた私は、卑屈《ひくつ》になってさらに酒を飲むという悪循環を繰り返していた。

私は、死を生命の終わりだとしながらも、生命の終わりの美は永遠のものだ、という夢を見ていた。酒は私に「死即美楽《しそくびらく》」の夢を見続けさせるに必要なものだったようだ。だが、人の死は灰であり、それは人の記憶にしか残らない。知的動物の一生の、単なる帰結点《きけってん》にすぎない人の死に、意味を持たせようと考えたことが誤《あやま》りだった。人の死は死であって、生命の終わりは生殖《せいしょく》の終わりにすぎないことを認めなければならない。

死に、人の意味はない。生きていることにこそ、人の意味があるのだ。

つねに死を意識していた日々は、明らかに青春の夢であり、現実は今だ。してみると、どうも私はしぶとく生き続けたほうが私らしいという結論になってくる。

私は「個」がない意気地《いくじ》なしとして育ってきたが、酒をやめて精神科医の助けを借りつつ、断酒会に通い続けた結果、多少なりとも強さが育ってきているのかもしれない。

しかも、精神科医が「かなり酷《ひど》い」と表現する家庭環境の中でも、生き続けられた人間なのだから、今後あるかもしれない荒波《あらなみ》など、私にとっては物の数ではないに違いない。私は私の「強さ」を知るべきだし、弱い人間の「ふり」をして、死んだ母をいつまでも恋しがる愚はやめたほうが良《い》い。

「酒をやめ続けていると、やがて生きる力が湧《わ》いてくる」と、断酒会の会長が言っていたが、どうもこれに当てはまる精神状態が今の私のようだ。再生とは、弱さから強さへの転換だったのかと今では認められる。

しかもその強さとは、優しさと厳しさのバランスがとれているもののようだ。

二　アル中という弱者

生き辛《づら》さが高じてくると、人は、死んだほうが楽だと言いたがるし、またよく耳にする言葉だ。

私というアル中は、この死んだほうが楽だという考え方に四十年間囚《とら》われ続け、生き辛さや自分の弱さを酒でごまかしていた男だ。死んだほうが楽だ、今に死んでやる、と家族の者を脅《おど》かしては、自分の弱さを隠し続けていた男だ。そして実態は、居心地がよいだけに、そのまま何年も過ごすことができたのだ。

なぜ居心地がよいのか。単純な話、酔っ払っていれば何もしなくて済むし、自分の世界に閉じこもって泣き続け、他の人の同情を集めていればいいのだ。

しかし、意気地なく泣いているだけでは何も解決しない。よくも四十年間もやってこられたものだと思う。最初の二十年間は母親に面倒を見てもらい、後の二十年間は妻に面倒を見てもらっている。

強い女でなければ面倒見きれないのは道理、そういう意味で私には強い女が必要だったし、女たちを繋《つな》ぎ止めておくのに、酒はなくてはならないものだった。

「死にたがる人とは結局、現実の苦境を乗りきる努力をしようとしない人々であり、なんの解決策も見つけようとはしない、無気力で、弱い意気地なしに違いない」

こう言ってスパッと決めつけてしまったのでは、やる気があって実際に行動を起こせる強い人々の言葉と同じになってしまう。我々アル中は弱い人間だ。

弱い人間から「だからなんなんだ、ほっといてくれ」と言われてしまえば、強い人々は蔑視《べっし》するだけで終わってしまい、両者の間にはなんの連絡もなくなってしまう。

我々のようなアル中という弱者と、強者との間に、なんらかの繋《つなが》りがあるとすれば、いっしょになって遊べる機会を持つということになろうが、残念ながら我々アル中側からは、それはできそうもないので、回復《かいふく》したアル中がアル中の立場で遊び場をつくっていくことが必要になるのだと思う。

三　哀しさが女性のすべて

私の心の奥底にある女性は、私の本能を満足させてくれる性的魅力に富んだお人形さんでしかない。血の通っている人としての女性像は皆無《かいむ》に等しく、動物的雌《めす》しかいない。知的《ちてき》な情緒《じょうちょ》を感じる心をどこかに置き忘れているのだ。

昨日の精神科医との話もそうだ。性的女性像しかない心の中を見透《みす》かされそうになると、小刻《こきざ》みに震《ふる》え始め、情緒的な人間らしい情感を探そうと腐心《ふしん》しても、何がなんだかさっぱりサの字の私を、私自身が憐《あわ》れんでいる。ないものはない。

母親とは、子供にとって最初に出会う女性であるはずなのに、母からそれらしいものを何一《なにひと》つ受け継いでいないというのはどういうわけなのか。幼少年期の母との関係を探ってみるとき、細い記憶の糸は母の震えを私に伝えてくる。母はいつも何《なに》かに怯《おび》えていた。

何に怯えて震え、私に何を伝えていたのか。母が私に伝えていた得体《えたい》の知れない何《なに》かとは何か……。

私は、自分が生まれてきたことが母の負担になっていると感じ、自分さえいなくなれば母はもっと楽になれるのにと思っていた。自分の欲求《よっきゅう》をそのまま母に伝えることは、母を悲しませることであると思っていた。震えて怯えている母を、私はいつも守らなければならなかった。

子供の私にとって、大人の母を守ることは、「わがまま」を言わず、言われたことは「いや」と言わずにやり、言われなかったことでも母の手助けになると思えば進んで「やってあげる」ことだった。

私の脳裏《のうり》には、母は弱く、いつも泣いている存在としてイメージされている。そしてそのイメージは四十年間変わっていない。弱い半面強さもあった。曲がったことはできない母だったし、他人の噂話《うわさばなし》はもちろん、誰かを揶揄《やゆ》することもなかった。何よりの強さは、働きもしないアル中の亭主を抱えつつ、五人の子供を愚痴《ぐち》一《ひと》つこぼさず育てたことだ。

もっとも、弱さと強さは誰にでもあるもの、母だけのものではない。

何かに怯え、震え続けていた母は、きまって哀しそうな表情をしていた。

「哀しさ」が女性特有のものとは思わないが、女性の持つ情緒的多面性の一部であることには間違いない。

母の哀しそうな表情は、私に、震えを伝えると同時に、哀しさが女性のすべてであるかのような錯覚《さっかく》をもたらし、私の女性像にも大きな影響を与えた。

私は妻の持つ哀《かな》しさに魅《み》せられている。

四　母の震えの正体

私が感じていた母の震えとはなんだったのか。心の中の女性を語ろうとするとき、今でも母の震えが伝わってきて私の体を小刻みに震わせる。現実に女性と話すときは、言葉に詰まり、黙《もだ》し続け、相手の口の動きを見ては「よく喋《しゃべ》る女だなあ」と嘆息《たんそく》してしまう。対等の立場で女性と語り合うなど、私には不可能なのかもしれない。が、ここまできた以上、母の震えの正体を見てみたい。怖いもの見たさは私にもある。酒を飲み暴力を振るっていた父に対して、母は毅然《きぜん》としていて、震えてはいなかった。暴力に対して弱い人ではなかった。夫婦間ではそれなりに、サド・マゾ的ゲームの様相すら見いだせるのが、この種の「けんか」の特徴だと思っている。実際、私自身も酒乱騒ぎの中で、妻が被虐《ひぎゃく》の中にも陶酔《とうすい》している姿を何度も確認している。発散するエネルギーには、能動側にも受動側にもこの種の震えはない。私は、むしろ母が母親然《ははおやぜん》としている普段の生活の中に、その震えを多く感じていた。震えている母に、私は「我《が》」を通すこともできず、いつも可哀《かあい》そうな母だと思い続けていた。甘えることはもちろん、話しかけることもできず、ひとり淋《さび》しくうつむいては母のそばから離れていく。母は私にとって、いつも遠い存在だった。

　近づきがたい母の震えこそが、原初的《げんしょてき》女性体験であるはずの母と話もできなかった原因であり、それが今日に至って女性と話す訓練の必要性となっている。たぶん、裸体の女性と衣服を着ている女性は、その人格構造において二重性があり、情緒的には男性よりも多面性を持つのだろう。

　情緒的多面性の一部でもある、女性の持つ哀しさの正体が、母の震えとなって私に伝わってきているとしたら、その哀しそうな「におい」は、性器にも似た女性自身にも思える。

　女性は、その生殖機能において男性を必要としているし、ワギナにペニスが挿入《そうにゅう》されている際の絶頂感を得る手段として、哀しそうな「におい」で男性を引き寄せる必要性も出てくる。男性との関係において、その「におい」は本能となり、本能が満たされそうにないとき、女性の身体《からだ》はヒステリックに震えだすのだろうか？女性たちは生殖本能が作用しだす適齢期から、哀しそうな「におい」を発散させ始め、満たされているときは震えず、満たされないときのみ、冷たく「におい」を発散させて震え続けているのかもしれない。

五　哀しそうな「におい」

哀しそうな「におい」は、男性と生殖結合なされたときには芳醇《ほうじゅん》な香りに変化するのであろうが、普段の生活の中でもその「におい」を放っているとなると、男性の同情を求め、つねに支え手となる相手を物色《ぶっしょく》することになる。

哀しみはひとりでは耐えきれるものではない。それを耐えきらざるをえない状況に置かれたのが私の母だ。

必要以上にこの「におい」の強い女性の場合は、ひとり夫を独占し、子に父を返してやることができない。また、夫自体「におい」の中に埋もれてしまい、父としての自覚が希薄《きはく》になり、子は淋しさの中で生きていくよりほかなくなる。子も、母の放っている「におい」の中に埋もれていく。

淋しさの中で育った子は、適齢期になると、母と同じような哀しそうなこの「におい」を放っている女性にひきつけられていく。母の本能的欲求が満たされている場合は、子にその震えを伝えることはない。ないものは伝わらない。

満たされない条件の下にいた私の母は別になる。夫がいようがいまいが、他の男に求められていればそれでいいが、それを罪悪として自らの「におい」を消そうとすると、本能の疼《うず》きと理性の抑制力とで争いが始まる。

理性よりも本能は強い。が、強い女性はこの「におい」を消そうとして葛藤《かっとう》する。そこに震えが存在するとしたら、子は母の中に、哀しそうな「におい」よりも恐ろしさを感じるようになる。怖い母は憎しみの対象となり、冷たい女となり、それが子の女性像となる。この段階で、母の震えはとぎれることなく子に伝わるようになり、子は伝えられた震えを心の奥底で感じつつ、女性に対して口を閉ざしてしまう。

女性は自らの母性に甘えつつ、母性の支え手になりうる伴侶を男性に求め、その甘えの中で哀しそうな「におい」を発散し続ける。

この「におい」を消さざるをえなかった私の母は、裸体のときはより女らしく、衣服を身につけているときはより男らしく振る舞わなければならない環境に放り出され、両者の相剋《そうこく》の中で震え続けていたのかもしれない。

母性を有する女性でありながら、母性に甘えることもできなかった苛酷《かこく》な子育ての現実は、ひとりの女性を烈婦《れっぷ》に育て上げるに十分なものだったに違いない。

六　孤児のような幼少期

医師は、私にこう言った。

「父親モデルも、母親モデルも、夫婦モデルもなかった」

言われた当初はまったく理解できず、怪訝《けげん》な表情で目を白黒させては、「アル中の親父でも、親父に変わりはないサ。お袋だってちゃんといたから、今こうして先生の前に私がいるんでしょう」と、反論したものの、死に直結してしまう寂寥感《せきりょうかん》の正体が解き明かされるにしたがって、なるほど、私の成長過程の境遇は、天涯孤独《てんがいこどく》な孤児とさほど変わらないものだったのだと、理解できるようになった。

無銭飲食《むせんいんしょく》を重ねては網走《あばしり》刑務所通いをしていた父ゆえ、確かに父親の役割を担っていなかったろうし、母は母とて、ろくに稼ぎもしない亭主に巡り合ってしまったばかりに、女手一つで五人の子供を育てなければならない羽目になり、子供たちの空腹を満たすのに精一杯で、世間並みの母親の役割を担《にな》うなど夢のまた夢だったろう。

父親はもちろんのこと、母親もまた家にいなかったのは事実で、五歳年上の姉が、弟たち四人の面倒を見てくれた。たぶん、このような家庭環境の中で、子供たちは母が運んでくれる食糧で「飼育」される家畜にすぎなかったのだろう。血の通い合った親子の会話など縁がなく、母の愛情にいつも飢えていたような気がする。そういう母であっても、子の私にとって母は母であり、母親像のすべてであり、ひたむきに耐える女が理想の女性像となっていくのはやむを得ないことだった。

幼少年期の私は、満たされない思いに耐え続けなければならなかった。満たされない思いは、飢餓感《きがかん》とあいまって淋しさに変わり、淋しさは私の人生そのものとなっていく。

子は安心して生きていける場を必要とする。が、私にはなかった。身の安全は自分で守らなければならなかったし、不足気味の食糧の調達方法をいつも考えなければならなかった。微細《びさい》な神経をフル回転させて、警戒信号を発し続け、身の安全が侵されそうになると、その場を誰よりも早く離れてひとりになっていた。人との関係を忌み嫌い、ひとりぼっちでいることは、私がとれた唯一の自衛手段であり、人の言葉は私を傷つける刃《やいば》にすぎなかった。私の身を守ってくれるであるはずの家庭は単なる「飼育小屋」であり、安らぎなど求めるべくもない、冷え冷えとした「場末《ばすえ》の酒場《さかば》」にすぎなかった。

子に環境を変える力はない。「家庭モデルもなかった」と精神科医は言うが、それでも私にとっては家庭であり、酒乱の父も私の父、身を粉にして働いていた母も私の母であり、それが幼少期の私のすべてだった。

七　女性像はビーナス

私の心の中にいる女性を分析《ぶんせき》し、治療する段階に入って数ヵ月経過しようとしているが、肌の温《ぬく》もりが伝わってくるような原初体験《げんしょたいけん》の記憶がまったく呼び起こされない。果たして私は、人として生まれ、人として育ってきたのだろうか。どう記憶の糸を繋《つな》いでみても、寒々《さむざむ》とした体験ばかりで心温《こころあたた》まる思い出に結びつかない。温かい血の通った生身《なまみ》の女性が存在していないとなると、過去四十数年間、私の心の中にいたのはどういう女性だったのか。

――母に甘えたいときには、豊満な乳房を惜《お》しげもなく露出《ろしゅつ》して、乳首を含ませてくれる母性愛豊かな女性。性欲の疼《うず》きにペニスがギンギンになっているときには、愛液に満ちたワギナにいつでも挿入《そうにゅう》させてくれる熟《う》れた肉体を持つ女性。ひとり淋しさにうちひしがれているときには、その肌の温もりで優しく包んでくれる女性――。

これが、私の心の中にイメージされている女性像となる。幼少年期の満たされなかった思いが、甘酸《あまず》っぱい乳房への感傷《かんしょう》となり、肉欲の赴くまま本能的に生きたいと思う心がワギナの渇望《かつぼう》となり、ひとりぼっちの淋《さび》しさに耐えられそうもなくなると人肌《ひとはだ》が恋しくなる。

ビーナスは絵《え》に描《か》いたようなモチであって、生きている女性でないことは百も承知しているが、私の脳裏《のうり》に浮かぶ女性像はこれしかない。

母にとっては、女手一《おんなでひと》つでの五人の子育ては相当な重荷だったはずで、お腹《なか》を空《す》かして泣いている子供たちを見て、途方に暮れたこともあったろう。赤貧状態《せきひんじょうたい》の生活環境の中では、食糧の確保が最優先され、子供に対する愛情どうのこうのは二の次、三の次となるのはやむをえないことだった、と今では理解できる。子供とて母の苦労は十分に承知している。承知はしていても、満たされない思いは日《ひ》に日《ひ》に募《つの》り、成長とともに淋しさに変わり、その淋しさは発散する場を持たないだけにどんどん鬱積《うっせき》されていく。

母は母なりに精一杯《せいいっぱい》だったろうし、子は子なりに母を労《いたわ》り続け、わがままも言わない「親孝行」な子として成長していくが、実はここに大きな落とし穴があったのだ。自我《じが》が目覚める時期になると、子は母親一辺倒から自分のことは自分で決められる子に成長していくものだと思う。しかしそのためには、子に干渉せず、子の成長をじっと見守っていける親でなくてはならない。が、多くの場合、親は親の意のままに子を育てようとし、大切な自我の目覚めを摘《つ》み取ってしまう。親子ともども、その芽を摘み取り、摘み取られていることに気づかない。生活苦は母子の成長を極度に歪《ゆが》めるものなのかもしれない。

八　母への憎しみ

母親思いの優しい子は、母の手の届く範囲内を生活圏とし、母の悲しむようなことはやらない子になっていく。親の傘が必要なのは四、五歳程度までなのだろうが、私のような環境に育った子は、思春期を過ぎても傘から一歩も出ようとせず、知らず知らずのうちに自分を失い、影の薄い子になっていく。

「出ようとするが出られない」もどかしさに、息苦しさを覚えるようになり「生まれてこなければよかったんだ。なんで産んだんだ。こんなことなら死んだほうが楽だ」と、自分を自分で忌《い》み嫌《きら》うようになる。親を抱えてしまった子は、とてつもなく重い親の存在に耐えかねて、やがて押し潰《つぶ》されていく。

「個の自由」は本能の叫びなのかもしれない。息苦しさの原因が、小さな肩に重くのしかかっている親にあるとも知らず、親を労《いたわ》り続け、跳《は》ねのけることもできずに押し潰されて、やがて自死の道を選択するようになる。兄たち二人は生《い》き辛《づら》さから解放されることなく自殺し、私は酒を飲み続けることによって生《い》き長《なが》らえてきた。

私の心の中にある女性への憎しみが、実は母そのものへの憎しみだったのだと知るのは、分析療法が三年を過ぎるころとなる。確信は持てなかったが、兄たち二人が自殺したのは母のせいだと心《こころ》の隅《すみ》ではいつも思い続けていたし、次兄が自殺してから私は母のもとに寄りつかなくなった。全身麻痺《まひ》の病に倒れた母を、四年間世話することになるが、その間ですら「親孝行息子」と言われながらも私は母を憎み続けてきた。

性《せい》の奴隷《どれい》となって肉欲《にくよく》の赴《おもむ》くままに子づくりし、生まれてきたことに喜びも感じられない人生しか子に与えることのできなかった母。労り、どんなに尽くしても「ありがとう」の一言《ひとこと》も言わずに死んでいった母を私は憎んだ。

子は母の傘の中が一番安全な場所だと知りつつも、成長するにしたがって少しずつ母から離れた場所に移動していく。不安との最初の出合いとなるが、この時期に母がいつも見守ってくれる環境にある子は、ゆっくり安心して一歩一歩外の世界に足を踏み入れていくことができるのであろうが、子が必要としているときに私の母はいつも不在だった。朝昼晩と働かざるをえなかった母は、子に食糧を与えるのが精一杯《せいいっぱい》で、成長期に子を見守ってやる余裕などなかったのだろう。何をやるにしてもつねにひとりで決断しなければならない不安は「こんなに辛いのになぜ母はいつも助けてくれないんだ」と、ひとりぼっちの辛さを憐《あわ》れむモトとなり、そのあまりの辛さがゆえに、不安はいつしか母への憎しみに変わっていったのだ。

子が母の苦悩を知るためには、母の年齢に達する必要がある。心の病はこの間にさまざまな形態をなして大量の膿《うみ》を噴出《ふんしゅつ》する。開かれた扉は開かれたまま放置され、過去の事実は事実として私の両の肩に重くのしかかってきただけだ。多くの人の手助けを受けて、女性への憎しみが実は私の生育歴の中にあったのだと知っても、事態は何一《なにひと》つ好転することなく、私はただじっと耐えてその重荷を背負って生きていくにすぎない。

九　母が連れ込んだ「おじさん」の暴力

私の母は淋しい女だったようだ。自分の亭主がアル中と知りつつも、淡《あわ》い夢《ゆめ》を見ていたのだろうか、五人の子供を産んでいる。まともに育て上げられないことは母が一番よく知っていたはずだが、本能のなすがままに性的欲望に埋もれて、ワギナにペニスを迎《むか》え入《い》れている。淋しさを紛《まぎ》らわす唯一《ゆいいつ》の方法が男の肌の温《ぬく》もりとは悲しすぎる。

父が無銭飲食で網走刑務所に入所するようになると、孤閨《こけい》の淋しさからか、飲み屋勤めで知り合ったヤクザな男を家に連れ込み「お父さん」と呼びなさいと子供たちに強要《きょうよう》している。私が五歳のときで、母は子宮筋腫《しきゅうきんしゅ》で子宮の摘出手術を受けた直後のこと、女盛りの三十五歳だったと思う。妊娠の心配のなくなった母は誰憚《はばか》ることなく痴態《ちたい》を繰《く》り広《ひろ》げ、肉欲に溺《おぼ》れている。

この男とは以後十年間同居することになり、私たち五人の兄弟は罵声《ばせい》と暴力の中で生命の危険に脅《おびや》かされながら生きていく羽目《はめ》になる。父親でもない男を「お父さん」と呼べと強要した母を信じられなくなったものの、子供心は未《いま》だ母を必要としていたし、母なくしては生きていけない歳《とし》でもあった。子供は子供なりに母を思いやるもので、不安《ふあん》と怒号《どごう》の毎日であっても精一杯《せいいっぱい》母に気遣《きづか》いしている。が、この思いやりは一方的に踏みにじられる。性欲のみに囚《とら》われ続ける母に対して、侮蔑的《ぶべってき》な感情を抱くようになったのもこのころからのような気がする。五歳の私にとっては、父がアル中であろうがどうでもいいことだ。アル中の父が私の父であり、「おじさん」は私の父親ではない。父の代わりはないのだ。

他の兄弟はかたくなに口を閉ざして、誰ひとり「お父さん」と言わなかったのに、私は母の鉄拳《てっけん》を恐れるあまりこの言葉を口にしている。このことは深い傷になって、私の心の奥に秘められることになる。

一夜《いちや》にして母を盗んだこの男を私は憎んだ。「お父さん」と呼ばされた屈辱感《くつじょくかん》も手伝ってか、反抗的な態度をとるようになり、鼻血《はなぢ》が出るほど殴《なぐ》られ腕をへし折られた。私がこの男にどんなに虐待《ぎゃくたい》を受けても母は助けてくれなかった。「何もしていないのにどうして殴られるんだ。なぜ母さんは助けてくれないんだ」と、必死で呼んでも母は動かなかった。突き抜けるような痛みを感じつつも、母は必ず助けてくれると信じていた。が、無駄《むだ》だった。

このころから私は母に憎しみを抱くようになっている。母を憎めば憎むほど痛みが和らいでくるのを感じていたし、戦慄《せんりつ》の中に佇《たたず》みつつも、母を憎むことによって暴力の恐怖が薄《うす》らぐことも知るようになった。かなわぬ相手から、幼い生命を守る最良の方法が母を憎むことだった。痛みを憎しみに変えることによって、度重《たびかさ》なる暴力にも耐えられた。やがて自分の心を自由に操作《そうさ》することを覚え、心だけは何人《なんぴと》たりとも侵《おか》しえない安全な場所なのだと知るようになり、心だけは私の別天地《べってんち》となっていった。現実の辛い出来事は私とは無関係となり、目の前のすべての悲しみが消えて行った。

十　妻への憎しみと酒

父でもないヤクザな男を引き入れて痴態を繰り広げる母の姿は、私の女性観に深い影を落としている。網走刑務所から出所してきた父と「おじさん」が殴《なぐ》る蹴《け》るの喧嘩《けんか》をして母を奪《うば》い合うさまは、辛《つら》い記憶としてその一つ一つの場面が心に残っている。血みどろになって負けるのは、つねに私の父だった。母は冷徹《れいてつ》に戦いを眺《なが》め、時として冷ややかな笑みさえ浮かべていた。勝ったものは**母と一緒に寝る**権利を得る。

幾度となくこのような修羅場《しゅらば》を見てきた私にとって、セックスは汚れた者のする行為でしかなくなっていた。女性の性器が醜悪《しゅうあく》なものとなり、単なる男の性本能の捌《は》け口でしかなくなっていくのはやむをえないことだったのかもしれない。

男はもちろんのこと、女もまた私を害し、私の生命を危険にさらす以外の何者でもなくなり、夢想の世界に住んでいる女性のみが私を優しく包んでくれる。現実にいる生身《なまみ》の女性は近《ちか》づき難《がた》い恐ろしい生物《いきもの》となり、心の中で自由に想像できる女性が私の理想像となって行った。

私の結婚は、妻という女の現実から目をそらした夢の中の出来事にすぎなかった。夢は儚《はかな》いもの、五年後には無残な結果を残してついえている。二十四歳から二十五歳にかけて、妻は浮気をしている。「あなたが構ってくれなくなって淋しかったから」と一方的に私は責められた。現実の夫婦を知らない私は、内奥《ないおう》に秘められている女への憎しみを悟《さと》られるのを恐れて、彼女を怒ることもできず、逆に女とはこういうものだと自分に言い聞かせている。が、裂《さ》けた傷口を癒《いや》すべくもなく素面《しらふ》で妻を抱くことはできなくなっていた。酒は、この傷口をこれ以上広げない効果を発揮してくれていたが、しょせん酒は酒、妻に対する不快感は蓄積《ちくせき》され続け、ボロボロになって精神病院に入院することになる。

母への憎しみが温存されたまま結婚したのが間違いだったのだろうが、当時の私は憎しみを取り去る方法は知らなかったし、長兄が自殺して二年後のことだっただけに、頭の中は混乱したままの状態が続いていた。母への憎しみが消えやらぬ間に妻への憎しみが現実のものとなり、途方にくれる日々を過ごしていた。

私は二人の子供たちを母なし子にはできなかった。ただ、それだけの理由で結婚生活を続けてきたと言っても過言《かごん》ではない。

母への憎しみは、私にとってタブーだったが、今また重い蓋《ふた》を開けざるをえなくなり、苦悩のただ中にいる。辛うじて傷口を塞《ふさ》いでいたものが何もなくなり、傷口はバックリ割れて血をドクドク噴出《ふんしゅつ》し始めている。もはやひとりでは耐えられない。現実から目をそむけ続けてきた代償としては、あまりにも無残な結果のような気もするが、事実は事実としてしっかり両の肩に背負い、歩み続けねばならない。が、整理されていないものは背負いきれないのもまた事実だ。断酒は現実の厳しさを私に知らしめている。

十一　憎しみの正体

私の心の奥底にある憎しみの本体はなんなのか、なぜ私は私自身をこうまで憎み続けるのか。その正体をえぐり出し、さらけ出さなければ、息苦しさから解放されることはないような気がする。

三年半にも及ぶ分析療法の結果、最近になってようやく「死の選択の自由」から「生きる自由」に、心が変わろうとしている今、つねに自虐的《じぎゃくてき》な要素を持っている憎しみの正体を見極《みきわ》めるのも無駄《むだ》でないような気がする。

恨みは軽い。つねに他に働きかける因子《いんし》を含み、怒りに変えて吐き出してしまうと消滅する。

憎しみは重い。私の心の奥底に蓄積されていて外に出ることはない。酒乱とは、この蓄積された憎しみが酒を媒介《ばいかい》として外に出ることであり、惑乱《わくらん》している脳とはいえ、記憶の糸は憎みきれない憎しみにがっちり接続されている。暴発が過ぎると再び心の奥底にしまいこまれ、次の酒乱まで外に出ることはない。幾度となく修羅場を演じたにもかかわらず、その場では正体を掴みそこねていた。

私の憎しみの発生源は母だ。父の不在をいいことに、私が五歳のときに母は飲み屋勤めで知り合ったヤクザな男を家に連れ込んでいる。私たち兄弟は以後十年間、この男との同居を余儀なくされている。私は利《き》かん気《き》な子だったので、この男の標的《ひょうてき》になった。気絶寸前まで殴られ続けた記憶は今でも生々《なまなま》しい。が、どんなに虐待を受けようともしょせん他人は他人、十年後に追い出した後はほっとしただけで後腐《あとくさ》れはなかった。他人に対する私の憎しみは、本人が消えると同時に軽くなる。

私が殴られている間、母はいつも黙っていた。「母さん助けて、痛いよ、どうして助けてくれないの」と、何度心の中で救いを求めたことか。殴る者への憎しみと同時に、助け船を出してくれない母に対する憎しみが、信じられないほど大きく膨《ふく》らんでくるのも、このころからだったような気がする。子に母の立場は理解できない。子に必要なのは、よその「おじさん」の暴行を止めさせ、私を魔の手から救い出してくれる母だった。が、母は動かなかった。

母に対する不審な思いは日に日に募《つの》っていったが、親子は親子、憎んでも憎みきれるものではない。暴力の恐怖が去り、それなりに平穏《へいおん》な日々が続くと、いつまでも母に対する憎しみを抱いている自分自身が惨《みじ》めになってくる。他の兄弟のように、母のそばにいって甘えてみたいが、母を憎んだ後味《あとあじ》の悪さが尾を引き素直になれない。

淋しさがまた大きく膨らむ。素直に母に甘えられない自分に嫌気《いやけ》がさし、頓狂《とんきょう》な行動に出て歓心《かんしん》を買おうとする。が、これは恥ずかしさとなって幼心を苛《さいな》む。「甘えたいんだ、でも甘えられないんだ。どうしていつもこうなんだ」と、反問《はんもん》しているうちに、切れ味の悪い自分を憎み始め、にっちもさっちもいかないどん詰まりに陥《おちい》る。あがいても、あがいても、母のそばには近寄ることすらできなくなっている。母のほうからなんらかの動きがあれば多少なりとも変わっていたのかもしれないが、朝昼晩と働いている母には、私に語りかける心のゆとりも時間もなかったのだろう。心温《こころあたた》まる思いは一度も体験したことがない。

十二　余儀《よぎ》なくされた死の選択

母に抱いた憎しみは、とどのつまり私自身に返ってきて、心の奥底にしまい込まれる。悲しいかな、憎しみの捌《は》け口を私は持っていなかった。動かなかった母は震えを私に伝え、哀れっぽい眼差《まなざ》しで私を見つめては、「母さんにはどうしようもなかったのよ」と、訴えてくる。痛い目にあったのは子供の私でありながら、悲しそうにうつむかれると庇《かば》い手に回ってしまう。

「私さえ殴られていれば、母も他の兄弟も傷つかなくても済むんだ」と、ひとり英雄気取りでいたことも事実だ。波風立たない平和な家庭を守り続けることが私の使命となり、恐ろしい暴力に耐え抜くことは、母を私のほうに振り向かせる手段となっていた。

「個」の部分では母に憎しみを抱けても、切っても切れない親子の関係の部分では母の庇い手となり、歪《ゆが》んだ重荷を背負うことになる。心の奥底では憎しみを抱きつつも、母親孝行な息子として親の面倒を最後まで見るのが親子の絆《きずな》と言えなくもない。

なぜ母は動かなかったのか。稼ぎ手《かせて》にもなれないヤクザな男を、なぜ母は家に引き込み、家族の一員としていたのか。

私が五歳というと母は三十五歳、相手の男はたぶん二十代後半だったろうと思う。女盛りの独り身は無軌道《むきどう》なもの、空閨《くうけい》を潤《うるお》す若いツバメが「おじさん」の役割だったに違いない。若いツバメと私を天秤《てんびん》に掛《か》けた母は、子を犠牲にしてワギナの快感を選択し、夜毎《よごと》肉欲に耽っている。極論すれば、「女の性」の代償が私という子だったのだ。「動かなかった母」「動けなかった母」の実像がここにある。

ワギナにペニスを迎《むか》え入《い》れ、女体の快感に酔いしれる「女の性」を、子は理解しえない。子は母を信じ続けるが、母は子を裏切る。「おじさん」の出現《しゅつげん》によって母は私の心から消え、甘えることも許されず、憎しみを抱いたままひとりぼっちの世界で生きていく羽目になる。父のいない淋しさは、今また母を失うことによって、ひとりぼっちで生きていく恐怖に変わっていく。

私自身に返ってきた母への憎しみは、ひとりで生きていく恐怖に変わり、私の生存そのものも脅かす死への憧憬《しょうけい》となり、死の選択の自由へと発展していく。ここに至って私は無価値な存在となり、つねに死と隣り合わせの人生を強要《きょうよう》される。死を見つめつつ生きるのは辛い。下戸《げこ》の兄たちは、他に辛さを紛《まぎ》らわす手段を持たなかったがゆえに、死の選択を余儀なくさせられ、私は利かん気に任《まか》せて酒を飲み続け、生き長らえてきたがゆえに、精神病院にたどり着くことができている。

私は今、酒を失っている。酒がなかったら、私の人生は兄たちと同様、二十代か三十代で終局《しゅうきょく》を迎えていたに違いない。弟はよく飲む。が、私は弟に酒の害を知らせるつもりは毛頭《もうとう》ない。酒で生命を縮《ちぢ》めようとも、過去を見つめ過去の中に秘められている生き辛さの源を知るよりはましだと思っているからだ。

重い蓋を開けるときはそれなりの勇気と決断力がいる。母の性はタブーの一つだった。過去の事実と正対する私の体は、恐ろしさで小刻みに震え続け、暗澹《あんたん》たる気欝《きうつ》をもたらす。見据《みす》えていても事実があるだけで何も変化しない。

人はワギナから生まれワギナの犠牲になっていく。「女の性《さが》」の動物的本能がひとり歩きすると、母と同じ淋しい女が生まれ、その子らは私たち兄弟と同じようにワギナに押し潰《つぶ》されていく。

十三　命を救ってくれた「酒」

母は結婚後二年目にして奈落《ならく》の底に落とされたという。祖父の薦《すす》める縁談を拒否できる時代でもなかったろうし、加賀百万石の家老職を先祖とする祖母の気位もあったろうと思うが、「いやいや結婚した」とはいえ、帝大出と自称《じしょう》する私の父にはそれなりの魅力を感じていたのかもしれない。生活保護を受給するために離婚はしたものの、精神的には繋《つな》がっていたのだろう、網走《あばしり》刑務所を出所するたびに父を許して家に入れている。

私たち子供のためにそうしたのかもしれない。が、父はいつも母を裏切り、私たち子供を裏切っている。

生活環境は母と子の関係をグニャグニャに捩《ね》じ曲《ま》げる。他の男を家に引き込んだときから暴力行為は横行《おうこう》し、私は母に憎しみさえ抱くようになっている。親子でなければ単純な歪《ゆが》みですんだかもしれないが、母子ゆえに複雑な関係になり、母に抱いた憎しみが私に跳《は》ね返《かえ》り、母に憎しみを抱いた私を私が憎むようにさえなっていた。憎しみの対象は私の存在そのものになり、生命をも抹殺《まっさつ》せんと試みるようになっていった。生命は価値のないものとなり、生きることは苦痛以外の何物でもなくなり、死《し》は憧《あこが》れとなり安住《あんじゅう》の地《ち》となっていった。この苦痛を和《やわ》らげるものが酒だった。

私は兄たちと違い、生命《いのち》を惜《お》しむ子だった。惜しんだがゆえに酒を飲み続けた。ときおり聞こえてくる「死んではいけない」という「生命の叫び」に耳を傾けることができたからこそ、酒の力を借りて自殺行為を思い留《とど》まり、心に深く刻み込まれていた傷の痛みを和らげていた。酒は私に「生命の叫び」を知らしめる媒体物に他ならなかったのだ。

「生命の叫び」は誰にでもあるもの、この「生命」が自らを憎しみ抜いている「心」を助けんと動き始め、「生命の尊さ」を知らせようとする。この時期は、肉体がアルコールの薬害によってボロボロになる時期と多くの場合一致する。

酒乱とはこの時期の内因的摩擦《ないいんてきまさつ》の暴発《ぼうはつ》であり、生命の尊さを心に知らしめる生命側からの信号だと言えなくもない。

肉体と心は酒乱であっても、生命は生まれたままの柔らかさで本人に語りかけてくる。

夏の陽射しの中で肌を焼いているとき、私はこの生命の叫びを聞いている。突然ムラムラッとしてきたかと思うと、「俺が生きていて何が悪いんだ！」と、振《ふ》り絞《しぼ》るように呻《うめ》いていた。両目からドッと涙が溢《あふ》れ、芝生に突っ伏して拳《こぶし》を振り上げていた。ほんの数十秒間の出来事だったと思うが、以後確実に死は私から遠ざかっていった。

男の子は母を憎みきれない。最終的には母の庇い手になって母の死に涙する。それが母と子の宿命だと知らされたのは精神科の専門医によってだった。

このごろ思うことがある。「かなり酷《ひど》い」と専門医が言う家庭環境の中でも私は生き長《いなが》らえてきた。酒の力は借りたものの、兄たちと違い私は生きている。この粘り強さはアル中の妻だった母から受け継いだものではないかと思うときもある。母は母なりの人生でいい。母から受け継いだものは受け継いだものとしてキッチリ整理して、私は私なりの人生を歩んでいくほうが、より私らしいのではないのかとも思う。

十四　経験できなかった反抗期

私のようにアル中の家に生まれ育つと、自然と母の苦労を知るようになり、母に苦労をかけてはいけないと、つねに先回《さきまわ》りして重い荷物を持ってやろうとする。本来、母親が子の庇い手《かばいて》となってこそ正常な親子の関係なのだろうが、子は母の庇い手となって、行く手の塵《ちり》を払う。母にとってはとてもイイ子になるが、子は先々を考える細かい神経の持ち主となり、細かいがゆえに息も抜けない張りつめた人生を歩むようになる。頭の中にあるのはつねに母のこと、子は環境を変える力を持たないだけに、今ある場がすべてとなり、イイ子になる。イイ子はいつの時代も尊《とうと》ばれる。母は母で、その子を自慢《じまん》するので、子はそれを善《よし》としてますます母に尽くすことになる。

私に反抗期はない。生活苦に追われている可哀そうな母を見て育つ子は、母の重荷を一緒に担《にな》おうと地に足を踏ん張り、重さに負けまいとして必死でがんばる。母を悲しませるマネはできない。反抗期とは、親から離れて自分の思うまま自由に生きていく訓練の時期なのだろうが、親との関係を清算《せいさん》しようにも、親の手助けをする歯車の一部としてガッチリ組み込まれているので逃れようもない。個の解放は夢のまた夢となり、自由は完膚《かんぷ》なきまでに抑圧《よくあつ》される。

親もまた、反抗期を経験していない場合が多い。経験していない親は、子の反抗期の重要性を知ろうともせず、その時期になっても意味すら解せず素通りしてしまう。仮に反抗期の子に出会っても子の反抗に耐えられず、親の意のままにしようと抑えつけ、自由を束縛し、親の人生観をそのまま押しつけ窒息《ちっそく》させてしまう。親の人生など、重たくてとても持てるものではない。

反抗期を経験せず、親の重荷を背負ってしまった子は、成長するにしたがって、自由に自分の人生を歩んでいなかったことに気づき始め、イライラを募《つの》らせるが、自力でできるのは息苦《いきぐる》しさを感ずるまでで、背負った重荷を下ろすなど思いもよらずに、行ったり来たりしながら、また慣れ親しんだ古巣へと戻っていく。親も子を必要とし、子もまた親を必要とし、離れられない串団子状態《くしだんごじょうたい》となっていく。抑圧された不自由な個をぶら下げて、人は生きてはいけない。他に生きる手段を求める。酒は私にとって願ってもない活力源となってくれた。

最初の酒は父親の酒のイメージがあって、こわごわと口に含んだ。

「親父のような酒飲みにさえならなければいいんだ。絶対にならない!」と思いつつ、酒を飲み続けた結果、二十年後には酒乱沙汰《しゅらんざた》を起こし、二代目アル中になってしまっている。

「あんなに母さん思いだったのに、お酒を飲んでなんで母さんを苦しめるの」

「おまえはお酒さえ飲まなければイイ子なんだから」

「酒癖の悪いところは父親そっくりなんだから」

と、数え上げればキリがないほど言われ続けたが、酒を飲んで味わう解放感は捨てきれなかった。

死んだ兄たちに比べれば、私は母にとってあまりイイ子ではなかったに違いない。淋しさを紛らわす方法が酒だったとはいえ、何もないよりはマシだったと今では思う。酒を飲み続けていたからこそ、背負った重荷に耐え、ここまで生きてこられたのだと思う。

反抗期を知らずに大きくなってしまった子は、大人になりきれずに子供の部分を残したまま苦しみ続ける。ある部分では大人として生きていけるが、ある部分では子供のままの状態が続く。親への反抗を繰り返しながら、背負った重荷を一つ一つ下ろして、自分の思うままに自由に生きていってこそ、大人と言えるのかもしれないが、実際のところ、この重荷を下ろすとは、親から離れて辛く厳しい孤独に耐えてひとりで生きていくことを意味している。道は険しく、余りにも厳しいがゆえに、私にはできなかったことなのだ。

二十歳でいきなり養子に出された私は、養家に重荷を求めた。私にとって重荷とは母を意味していた。他家の重荷を背負うことは、イイ子のままでいられることであり、母の温もりから離れる辛さを知らずに済む方法でもあったのだ。子供は耐えることを知らない。私もまた、母から離れてひとりで生きていく辛さに耐えられなかった。

十五　期待されていなかった私

ＩＱ（知能指数）の検査結果が群を抜き、学校の成績がつねにトップクラスに位置してくると、周囲の人々から「勉強がよくできて偉いわね」とほめられるようになる。小学校六年生まで悪ガキ街道まっしぐらだったことなど誰も信じなくなり、羨望《せんぼう》の眼差《まなざ》しさえ感じるようになる。何か特別偉いことでもやっているような錯覚に陥り、鼻高々《はなたかだか》になっていく。「学生の本分は学問にあり」などと、聞いたふうなことを自分に言い聞かせては、明け方近くまで机にかじりつき、不眠不休《ふみんふきゅう》の努力をする。中学校一年の後半ともなると、勉学の世界が私のすべてとなり、他の一切のものが馬鹿ばかしくなり、友をつくり友と語らい、おおいに遊ぶなどということは、デキの悪い餓鬼《がき》どものやるものとさえ思えてきていた。

トップクラスの維持は、私が自分自身に課す至上命令となり、私以下の成績のものは屑《くず》同然の存在でしかなくなる。優秀であり続けるとは、他に私を認めさせることであり、アル中の父を持ち世間から後ろ指を指され続けてきた劣等意識をカバーして余りあるものとなってくる。

家庭の中での私の立場も一変する。勉強のためだと言えば結構《けっこう》わがままが通るようになった。母の顔色を窺《うかが》っては卑屈《ひくつ》になり、ふてくされてばかりいたのに、机にさえ向かっていれば炊事当番さえ免《まぬが》れえた。母も何一《なにひと》つ文句を言わなくなった。勉強するのは辛いことだったが、世間の噂《うわさ》も、家事のことも気に病む必要がなくなり、勉強さえしていれば母も喜んでくれていたので、母の歓心《かんしん》をひとり占めできると思い込み、さらに励《はげ》むことになる。思い出したくもない辛いことを忘れるには、何かに熱中することができればいいのだが、私にとってそれは机にかじりついていることだった。

わがままが許され、母が喜んでくれるようになると、母は私に何かを期待しているから急に怒らなくなったのだと思い込み、得体の知れない期待に応えることが私の使命になってくる。不器用《ぶきよう》で淋しがり屋な子は、期待されたがっていたし、役に立ちさえすれば、いつも母とともにいられると思っていた。

勉強し始めた原因は、偶発的な心の変化にすぎなかった。十三歳のときの初恋の相手がたまたま勉強ができて、私がデキの悪い子だっただけの話で「勉強ができなければ彼女に嫌われる」と思い、訳もわからずがむしゃらに始めたにすぎない。半年後には三十番以内、八ヵ月後にはトップクラスの群れの中にいた。

がんばり続けることは辛いには辛いことだったが、苦痛ではなかった。「勉強すれば偉くなれる。母も怒らない。わがままも言えるし何かを期待もされる」と思うと、辛さが辛さでなくなり将来が明るくなった。屈辱に耐え続けた赤貧《せきひん》状態から脱する道が、目と鼻の先にぶら下がっているのに、中途で挫折《ざせつ》するほど弱い子ではなかったようだ。

十九歳の駆け落ちと同時に、私は妻の両親の希望により養子縁組をし、母の姓から現在の妻方の姓に変わっている。勉強さえしていれば母の歓心は我がものと思い込んでいた私にとって、相手先から養子に望まれたからといって、母がふたつ返事で了解し、私を手許《てもと》から離してしまうなど想像もしていなかった。何かを期待されていると思い込んでいた私にとって、母の決断は不可解そのものだった。激しい脱力感に襲われ、心にポッカリ穴が開き、何をするにも無気力になった。胸が締めつけられ、苦渋《くじゅう》に満ち、淋しさが広がり、やがて「私を捨てた」母を憎むようにさえなっていた。

期待されることを望みつつも期待されていなかったんだと知って、私は母を憎んだ。そんな私の心に残ったのは、母に対する空《むな》しい思いだけだった。母の代わりを妻に求め、妻を母とし、妻の期待に応えることが「捨てられた」淋しさを紛らわす唯一《ゆいいつ》の方法となったが、しょせん妻は擬似的母《ぎじてきはは》、私の母とは違い幼かった。酒を飲みつつ、妻の乳房に戯《たわむ》れたいと思う私の脳裏《のうり》にはいつも母がいた。深酒《ふかざけ》をしては母を慕い、泣き崩れては妻に介抱《かいほう》されていたのが私の酒だ。

十六　地獄のカウンセリングが始まる

私は長い間夢の世界で生きてきた。何人たりとも私を今ある世界に戻すことができなかったのだが、精神科の女医さんは、忍耐強く現実の世界に引き戻す作業を続け、夢と現実を二分し、今大地に立って歩いている私を私に認識させることに成功している。

最深部《さいしんぶ》の記憶から始まった分析療法は「地獄のカウンセリング」と言ってもよいほど苛酷《かこく》なものだった。二時間に及ぶ「喋《しゃべ》り」はザラで、時として二時間半に及ぶこともあった。辛いものは誰も見たくない。厳しい生活環境の中で「かなり酷く」育ったなど認めたくもなかったが、長年溜まっていた膿が吹き出るかのように喋らされ、喋っているうちに確かにその中で生まれ育ってきたんだと、事実は事実として受け入れざるをえなくなっていた。

重い蓋は開け放たれ、私によって拒否され続けてきたルーツはすべて、目の前にさらされている。

酒を飲んでは網走刑務所通いばかりしていた父親の存在はもちろんのこと、「おじさん」を家に引き入れ、暴力を呼び込んだ母親の存在も、私には認識されていなかったような気がする。確かに父であり母であったが、父親らしい父、母親らしい母とはおよそかけ離れた、畜生道《ちくしょうどう》に生息《せいそく》するオスとメスでしかなかったのかもしれない。

両者の存在はあまりにも辛く恥ずかしいものだったがゆえに、父でも母でもなくなり、どこで生まれどこで育ったのかも認識できない子が世に送り出されたのかもしれない。両親の存在を否定せざるをえなくなった子の心根《こころね》は極めて不安定なものとなり、「私の存在」そのものをも危うくし、私は私がつくった別のイメージの世界の私となって生きていくことになる。

辛さを忘れるために私には熱中できるものが必要だった。一心不乱に精魂《せいこん》を傾けられるものさえあればなんでもよかったのだが、年端《としは》もいかない子に具体的な何かを探し出すなどとは不可能なこと、できることといえば心の中で遊ぶことだった。いつでも心は自由になった。束縛《そくばく》されない身軽《みがる》さもあった。なんでもできる。空を飛ぶことも、海に潜って魚たちと遊ぶこともできる。「強きをくじき弱きを助ける」正義の味方にもなれた。空腹を抱えて隣の畑から人参《にんじん》を盗み、泥の付いたままカジらなくてもいい。食べ物はいつでもお膳に満ち満ちていた。虐待を受けて気を失いかけても、何か他のことを考えれば耐え抜けた。心だけが唯一の味方となり、幼い生命を守ってくれる城となったのだ。

辛い記憶の中だけでは人は生きていけない。記憶の糸をブツブツ切り刻んで、より忘れやすくしてくれたのも私の心だった。

母の往復ビンタも「おじさん」の鉄拳も消え、甘《あま》え放題《ほうだい》甘《あま》えさせてくれる優しい母がイメージされ、現実の父も母も私からは消えた。それらしきキッカケがないかぎり記憶は甦《よみがえ》らない。

中学一年生になって具体的なものを見つけた。それが学問だった。机にへばりついている優秀《ゆうしゅう》な私は「勉強のよくできる子」という武器を持ち、心《こころ》を武装《ぶそう》した。この武器さえあれば、大人社会をメッタ切りにすることができたし、私を友達として扱ってくれなかった同輩連中《どうはいれんちゅう》を粉砕《ふんさい》することもできた。母も「おじさん」も、私を恐れるようになり、何一《なにひと》つ文句も言わなくなり放任《ほうにん》した。「優秀な子」は夢想の世界の出来事《できごと》ではなく、現実の私そのものになった。新しい私は卑屈になることもなく、堂々と胸を張って町中を歩くことができた。学問の世界は、かつて体験したことのない居心地《いごこち》のよい世界となり、何の躊躇《ちゅうちょ》もなく精進《しょうじん》していった。やがてこの世界に現存《げんぞん》している私のみが私となり、辛い記憶は抹殺《まっさつ》されて、新しい私がつくられ、学問の世界でがんばり続けている私だけが価値ある存在となった。過去のすべてを捨てざるをえなかった子に必要なのは、努力して手に入れた今の私だけとなり、辛い記憶の中の子は葬《ほうむ》り去《さ》られ、忌《い》まわしい過去の子は私でなくなった。

初めのころの分析療法には、どこで生まれ、どこで育ち、誰の子で、何をやってきたのか判然《はんぜん》としない私しかいなかった。過去の記憶のすべてが分断されていて、今ある私と繫がらず、私というひとりの人間の中には、もうひとりの種類の違う別な人間がいた。辛い過去のすべてを否定し、出生時《しゅっせいどき》の事実すら認めたがらず「優秀な私」に固執《こしつ》していた結果、一つ一つの過去を震えながら認めていく羽目になる。

「それも含めて風見さんの一部ですから」との医師の言葉の前では、頭《こうべ》を垂《た》れるよりなかった。二重人格的構造を持って生き続けることは、宿命とはいえあまりにも辛い。震え続けながら丹念に認めていく作業を続けているうちに恐々《こわごわ》とした表情が薄れ、医師に悪タレさえ言えるようになってきた。「地獄のカウンセリング」に耐え抜いている私には、自分を支える強さがあるのかもしれない。その強さとは、虐待にも屈することなく生きてこられた、私の「生命《いのち》」に備《そな》わっている「天性の力」なのだと言えなくもない。

「個」の「一元化」は苛酷な道だ。すべての重い蓋を開けて過去と現実を繫ぎ、安定した「個」をつくり上げることは、結局のところ自分の「生命」を見ることに他ならない。不安定な心の隙間《すきま》には、どんどんアルコールが注《そそ》がれる。安定した心はつねに自分の「生命」を見るようになり、生命を害するアルコールからは遠ざかっていくのかもしれない。

十七　破壊された「夫婦モデル」

幼少年期の赤貧《せきひん》の生活環境は、私を仕事の虫に育て上げている。一家の主《あるじ》としての私の役割は、誰よりも多くの仕事量をこなし、一円でも多い給料袋を妻に手渡すことだった。子育ての際の母の苦労を知っている私にとって、妻に同じような思いをさせることなど言語道断、許されざる男の恥でもあった。子育てを含めた家事一切が妻の役割だとするのになんの疑問も抱かなかったし、抵抗もなかった。働きもせず酒を飲んでは酒乱沙汰を起こす父のようにさえならなければ、それでいいと思っていたので、仕事を終えると当然のごとく晩酌をし、本能の赴《おもむ》くままに妻を抱き子づくりに励《はげ》んだ。

「男は外、女は家」という考え方は、誰に教わったものでもない。稼ぎ手でもなんでもない、ただのアル中だった父を見て育ち、片や働きずくめの母を見て育ったがために、自然に身についた考え方のような気がする。男社会の影響もあったことも確かなことだが、それよりも何よりも、貧乏させては惚《ほ》れた女房に申し訳ない。世間体も悪いし、だいいち猛反対していた妻方の両親にシャッポを脱がせるには、妻に苦労をさせないことだと思い、一生懸命働いた。一つの考え方に二十年間も固執して、妻を家の中に閉じこめておくなど、稚拙《ちせつ》といえばあまりにも稚拙な考え方だったと知るのは、分析療法が始まって二年後、「私の女性観」を震えながら叩《たた》き始めた直後となる。

断酒会の十周年記念行事の折、家族の立場から妻はこう語っている。

「十四歳で知り合って以来、夫というフィルターを通してしか、ものを考えることができなかった妻でした」

幼いもの同士の結婚は、理想追求型の家庭生活になりがちで、妻本来の姿も夫本来の姿も封殺《ふうさつ》される可能性がある。それぞれの個性は共同生活の名目の下で埋もれ続け、個の自由は「ねばならない主義」の旗の下に束縛されて日の目を見ない。「こんなはずじゃなかった、こんな私じゃなかったはずだ」と思いつつ、お互い息もつけぬほどにもたれあい、息苦しさの原因すらもわからずに、やり過ごしてきたのが私たち夫婦のような気がする。

私は、私以外の何者をも受け入れないひとりよがりで身勝手な夫であり続け、妻は妻でそのあるべき姿に囚《とら》われ続けている。私に躾《しつけ》の時期はない。父もなく母も不在がちな家庭環境では躾をする余裕などない。家庭そのものが安心して憩《いこ》える場ではなかったのは事実だが、総《そう》じて私は本能のみで奔放《ほんぽう》に生きてきたと言ってもいい育ち方をしている。

良き夫婦モデルなどあるはずもなく、私は「私の理想」を下地《したぢ》に、家庭を設計する以外になかった。

妻はキチンとした両親のもとで、大切な長女として育ってきているが、末っ子同士の両親ともなれば、子育ても世間体一本槍になってしまうのもしかたのないことで、あちらに気を使い、こちらに気を使う母親に、極端にイイ娘に育て上げられている。わがまま放題の男と従順な女が一緒になったのが私たち夫婦で、私の「考え方」というフィルターを通して自分の意見としたという妻の言葉も今となっては頷《うなず》ける。

アルコール依存症はすべての価値観を根底から覆《くつがえ》す。私が私に疑問を抱いて分析療法を始めると同時に、妻は妻で、私に張り合うかのようにアラノン（※1）に通い始め、自《みずか》らを見つめ直す作業に入っている。世間知らずの幼い夫婦は、お互い学び得たものを翌日にはもうぶつけ合い傷つけ合っている。喧噪《けんそう》とした空気が家庭の中に流れ込み、年単位で揺れ動き、三年半後の今もなお揺れ動き続けている。互いの理想像だった夫婦の型は、完膚《かんぷ》なきまでに破壊され、束縛し合わない自由を求めて私は一階、妻は二階に寝起きし、肉体の交わりもない。一抹《いちまつ》の寂しさはあるが、急いで元の鞘《さや》に収まろうなどとは思ってもいないし、流れのままに身を委《ゆだ》ねる術も多少は心得てきているので、互いが互いを必要とする時期に至るまでは、意地を張り合うのも私たち夫婦には必要なことなのだと今では納得できている。人が人らしく生きるのに、自由に勝るものはないということなのかもしれない。

育った環境がすべてであるかのような錯覚《さっかく》を抱き、その中で学んだことのみを生《い》きる尺度《しゃくど》とする愚夫《ぐふ》は私だけでいい。親から受け継いだものを正義とする愚妻《ぐさい》は妻だけでいい。子らには自由にのびのびと将来を築き上げていってほしいと願っている。長男がＡＣグループ（※2）で苦悶《くもん》し、長女が介護で死を見つめ続け、次女がアラティーン（※3）で自らを語り、次男が奔放に学校生活を楽しむ。それぞれが、それぞれの道を歩み始めたのが私の家族なのだと、今では理解できるようになっている。

私は私の理想とする夫像《おっとぞう》、父親像を大上段《だいじょうだん》に振りかざして「夫婦モデル」をつくり上げる以外に方法はなかったのだが、この「私の理想」とは、私の父親のような存在にさえならなければ何をやってもいいという考え方に他ならない。確かに父親からは夫としての型、父親としての型は何一つ受け継いではいないが、父親のような夫であってはいけない、父親のような父であってはいけないという思いで私なりの夫像、父親像をつくり上げてきている。「どんな父親でもいないよりはいい」と言う医師の言葉どおり、私は酒乱の父をモデルとして父とは逆の立場の夫像、父親像をつくり上げ、それを規範《きはん》としている。酒乱の父がいたからこそ、私は私の規範をつくり上げ、今まで夫として父親として生きてこれたということになる。

何をやってもいいという考え方は既《すで》にない。夫の自由、妻の自由、子らの自由に思いを巡らすとき、父とは逆の立場の規範が、私の心に確かに根づいて光彩《こうさい》を放ち、私の存在そのものをも支えてくれる礎《いしずえ》になっているのを感じ取ることができる。私は私という夫でよかったし、私という父でよかったのだとの自信も湧いてきている。恥ずかしい存在でしなかった父親も、それなりの存在理由と価値があったのだと素直に認められるようにもなっている。

※1　アラノン……アルコール依存症の夫を持つ妻たちの自助グループ
※2　ACグループ……アダルト・チルドレン（アルコール依存症者のいる家庭で、子供時代を過ごした大人たち）の自助グループ
※3　アラティーン……アルコール依存症者の親を持つ、十代の子供たちの自助グループ

十八　「夢想」を生んだ父の酒乱沙汰

出刃包丁《でばぼうちょう》を振りかざして「殺してやる！　殺してやる！」と叫びながら、母を追い掛け回していた父の記憶は、今でも生々《なまなま》しい。人が人として生き始めるという三歳前後の私の記憶が、酒乱の父の刃物沙汰《はものざた》とはなんとも情けなくなるが、事実は事実として認めざるをえない。暴れるのは昼間のこともあるが、たいていは夜で、大声とともに私たち兄弟は起こされ、布団を頭からスッポリ被《かぶ》って怯《おび》え続《つづ》けなければならなかった。

適当な愛と保護が必要な時期に、生命の危険を察知して怯え続けなければならなかったのが私たち兄弟の幼少年期に

なる。ガタガタと震えながら様子を窺《うかが》っているうちはまだしも、バターンと戸板《といた》の音がしたかと思うと母が外に飛び出し、父もその後を追い掛けていって消え、物音一つしなくなった部屋の中には子供たちだけが取り残される。この瞬間の不安と恐怖は筆舌《ひつぜつ》に尽くしがたいものがある。ジワーと体中が熱くなってきたかと思うと、一転して背筋に悪寒《おかん》が走り、歯がガチガチ鳴り始める。懸命に震えを抑えようとするが、努力すればするほど速度は速まり、体の震えと共振《きょうしん》して鼓膜《こまく》が膨《ふく》らみ、頭がボーッとしてくる。こうなると、ただジィーッと耐え抜く以外になくなる。どのくらいの時間が経過したのか定かではないが、やがて体が火照《ほて》り始め、足の指先が温《あたた》かくなり、朦朧《もうろう》とした意識の中にも睡魔《すいま》が訪れ、疲れきってグッタリとする。知らぬ間に眠りについたのだろう、気がつくと朝になっている。

辛い環境の下《もと》では、人の心は幾重《いくえ》にも歪《ゆが》められるものなのだろう。記憶の糸をブツブツに切り刻んで忘れ去る方法を、この時期から身につけ始めたような気がする。どんなに辛い経験であっても私の身の周りに起きた出来事は、私のルーツとして記憶されているべきものだと思うが、一夜明けると昨日のことは私とは関係のない他人事になっている。幼い生命は辛い家庭環境の中では生きていけない。それゆえ、辛い経験を葬り去るのはやむにやまれぬ自衛手段だったのだろうが、その代償はあまりにも大きく、ひとりの人間の中にもうひとりの別な人格が生息するという二重構造の中で生きていく運命をも背負うことになる。

前夜の恐ろしい記憶を抱いた状態では、子供の輪の中に入っていけないのは当たり前のことで、怖い記憶が脳裏《のうり》に甦《よみがえ》れば、あまりの辛《つら》さゆえに目の前の遊びに夢中になる。夢中になって遊ばなければ忘れられないから、他の子の何倍もの熱心さで遊びに夢中になる。が、目立つ動きをする子はひとり浮いた形となり、仲間から外されていく。遊び友達もなく、心のウサを打ち明けられる友もなく、いつも淋しさに耐えなければならなかった私の幼少年期の実像がここにある。

酒乱の家庭に生まれたものは、自分の生命を自分で守らなければならない。夜の狂気は朝には何事もなかったように平穏《へいおん》にはなるが、怖《こわ》い思《おも》いは記憶に残る。何かに夢中になることで、束《つか》の間《ま》の平安は得られるが、遊び友達から弾《はじ》き出《だ》されてひとりぼっちになるとまた思い出してしまう。夕方になって誰ひとり周囲に人がいなくなっても、なかなか家に帰りたがらない。これも記憶の糸が前夜の恐ろしい体験に結びつくからに他ならない。三歳の時点で、私は既に孤独な人生を歩く宿命を負わされていたということになる。安心して心の傷を癒せる場所がどこにもなかったのが現実で、飢《う》えと渇《かわ》きの中で幼い生命の灯《とも》を点し続けてきた。

感情の起伏が非常に激しく、なんでもないことでも必要以上にはしゃぎ回っては、他の者の顰蹙《ひんしゅく》を買っていた。これも淋しさを紛《まぎ》らわし、怖さを忘れるために、なくてはならない行動パターンの一つだった。頓狂《とんきょう》なことをやれば、兄弟たちも笑う。その笑顔が、私の心を癒《いや》してくれる唯一《ゆいいつ》のものだっただけに、繰り返し執拗《しつよう》に同じことをやっていたのも事実だ。子供らしからぬ奇異《きい》な行動とて、辛い記憶を忘れ去るためには必要なものだったのだが、そんな努力も夜が深まるにつれ空しいものになっていく。父の帰宅がソレだ。

父の酒乱沙汰は幼い五つの生命をつねに危険にさらしていた。傷が癒えぬ間に次の酒乱沙汰が起こる。「こんな家に生まれてこなければよかったんだ」と思いつつ、どうしようもない現実が目の前にある。何かに祈るような思いで、ジィーッと朝になるのを待つのが、幼い者たちのとれた唯一の自衛手段であり、辛い現実から目をそらして、あらぬ空想《くうそう》に耽《ふけ》ることが心の安らぎを得る唯一の方法となっていた。

「ここの家の子ではない。別の家の子なのだ」との思いは、現実の父も、母も、そして兄弟たちをも赤の他人となしていく。夢を現実であるかのように思い込むのにそう長い時間はかからなかったし、苦労もいらなかった。自分を消す方法を発見できないでいるうちは、現実と夢想の世界を行き来しなければならなかったが、「あの子のようになりたい」と思い、その子の家庭を想像するだけで現実の私は消え、夢想の世界に同化できた。心を自由に操作することで、辛く厳しい現実から逃れることを知った私は、精神科医に出会う四十歳まで、この二重構造を生み出す手法の中で生き続けていた。

どんなに辛い現実に遭遇《そうぐう》しても、今ある瞬間だけ耐え抜けば後は楽になれるんだとの思いは、現実の辛さを「私のもの」とはせず、私とは関係のない「他人のもの」とすることに他ならない。耐え抜いた後の私の存在はその場になくなり、私のルーツは寸断《すんだん》され、やがて消滅していく。人の場合はその人との関係を切り、物の場合はその物を破壊し捨て去る。記憶に残ってなかなか消えてくれない場合は、人であれ、物であれ新しい関係をつくり上げては、その関係に夢中になり、古い関係を忘れようとする。批評もしくは酷評をして値打ちを下げ、意識的に私には関係のない無価値なものとし、過去の中に置き去りにする。事実を事実として認める能力を、自らの手で歪め、場当たり主義的なその場を凌《しの》ぐ方法のみに腐心《ふしん》してきたからこそ、二十年間の長きにわたって二日酔《ふつかよ》いの苦しさにも耐えられていたのだ。

「過去の私」と今ある私を繋《つな》いで一元化《いちげんか》を図《はか》っていくには、心の奥底で根深く否認され続けてきた過去の私を、「今ある私」が繰り返し語り続ける以外にない。

十九　疳《かん》の虫が強い子

三歳以前の記憶はたどれない。どのような子として生まれ、どういう性質だったのか、肝心要《かんじんかなめ》のことを知らずして、私が私を知ったということにはならないと思う。何らかの手掛《てが》かりはないものかとパンク寸前まで脳ミソをフル回転させて、記憶の糸をたどった結果、今にしてようやく生前の母の言葉に思いを馳《は》せることができた。

「疳《かん》の虫が強い子だったので、お祈りしてもらった」

「指の爪《つめ》の隙間《すきま》から、疳《かん》の虫がニョロニョロ出ていくのがカアさんには見えた」

たぶん私という子は、母親のオッパイでお腹が一杯《いっぱい》にならないと、腹を立てて乳首をイヤというほど噛《か》む子だったに違いない。

妻の話によると、長男はある程度お腹が満足すると胸の中でスヤスヤ寝息を立てる子だったが、一歳年下の長女は足りないとなると乳首を思いきり噛んで妻を飛び上がらせる子だったという。長男の要求は緩《ゆる》く、長女の要求はキツイ。長女の猪突猛進《ちょとつ》ぶりは親の私とよく似ている。

疳《かん》の虫が強い子として生まれたのが私だとすると、三歳以後の起伏《きふく》の激しい性格そのものが納得されてくる。等しく分け与えられたものでも、自分のものが少しでも多くないと満足しなかったし、兄や弟たちに与えられたものでも、自分が欲しいとなると奪い合いの喧嘩をしてでも手に入れた。要求がかなわないとなると、道路に寝転んでは大声で泣き続け、母がしびれを切らして怒り出すまでやめようとはしなかった。生まれたときから母をてこずらせていたことを、今、静かに思い起こしている。

親にとって育てにくい子は、好むと好まざるとにかかわらず邪険《じゃけん》に扱わざるをえない場合が多く、ましてアル中の亭主を抱えての五人の子供の子育てとなると、その生活の苦しさは想像するに余りある。時としてアメ玉一個すら買い与えられなかった日もあったろうと思う。悲しいかな、子は母の事情など知る由もなく、欲しいとムズかるが、生活苦はお腹を満たすその日の食糧確保を最優先させ、生活を維持するための労働すら要求する。普通の子なら誰しもが持っている欲求も、表沙汰にしてはならないものとして心の奥底に秘められ、欲しいものを欲しいと言ってはならない生活習慣を身につける。

疳《かん》の虫が強い子の欲求はつねに激しく、欲求が受け入れられなかったときの不満は、普通の子の何十倍もの大きさに膨れ上がる。持って生まれた気質が、人並み外れた感受性であり感情の起伏の激しさだとすると、三歳以後の私の底なし沼にも似た淋しさの正体が、より一層はっきりしたものになってくる。欲求が満たされなかったときの不満は、母の苦労を肌で感じている子だっただけに、発散しようにも発散する場を失って抑圧され続ける。最初は小さな塊だった不満も、心の奥底に蓄積《ちくせき》されて大きな塊となり、癒されることなく欝積されて淋しさとなる。不満は一時的な怒りの暴発で消滅していくが、淋しさは心そのものとなり、私の人生観を支配し、やがては私の人生そのものとなっていく。

「風見さんの淋しさは、普通の人の淋しさとは違います」との精神科医の言葉の意味がここにあるとするなら、幼少年期のころから現在に至るまでの四十数年間、淋しさに支配されてきた私の人生そのものが、他の人とは異なるものなのだということになる。疳《かん》の虫が強い気質、淋しさを払拭《ふっしょく》しきれなかった母子関係、赤貧とまでいわれる劣悪な家庭環境など、数え上げればキリがないほどの悪条件が幾重《いくえ》にも重なって、私というアル中患者ができたのだとするなら、世はあまりにも無情というより他なくなってしまう。

過去はあっても過去には戻れない事実を踏まえるとき、第二の人生が「酒を飲まないアル中人生」のような気がしてならない。「酒を飲まないアル中人生」が、今後どう生きていくかを考える人生だとするなら、過去の追憶の中で酒を飲み続けて人生を終えるより、酒をやめ続けて人の輪の中で生きていったほうがより人間らしいということになるのかもしれない。三歳以前の私を知ることが、今後の私の人生を決定づけるものになるとは予想だにしていなかった。

二十　抑圧された感情の重み

私は感情の起伏の激しい子だったが、いつしか人前では涙一つ見せない無表情な子に変わっていた。五歳のころから父親でもない「おじさん」に、理由もない折檻《せっかん》を受けるようになってからは、人間不信に陥り誰も信じられなくなっていた。

折檻の痛みに耐えかねて悲鳴を上げて泣き叫んでみても、じっと黙ってうつむいたまま動かず、暴力から救い出してもくれなかった母の姿を見とがめてからは、泣き叫んでも無駄《むだ》だと悟り、泣くことすらやめてしまった。泣くのをやめると笑いも止まり、怒りだけが心に残る。以来いつも怒ってばかりいる子になったが、これとて内向的な怒りにすぎず、怒りそのものを表《おもて》に現《あらわ》したり人にぶつけたりすることはなかった。悲しいことや嬉しいことに出合っても、私は心の奥底でいつも怒っていたような気がする。傍目《はため》ではヤンチャで利《き》かん気《き》なイタズラ坊主に見えるが、内実は人一倍淋しがりやで、自分の気持ちを素直に伝えることもできないシャイな子として育ってきたのだ。

折檻そのものは単なる肉体的苦痛にすぎず、痛みの嵐が過ぎ去ると、時間の経過とともに自然に忘れることができたが、「動かなかった母」へのやりどころのない思いは、怒りとなって心《こころ》の奥底《おくそこ》に鬱積《うっせき》されていくことになる。再び起こる折檻《せっかん》の嵐を予期して、わたしは母の歓心を買おうとするが、母は私を邪険に扱い、私の願いを無視していく。それでも母子は母子、ときおり見せる哀しそうな表情に触れると、子供心に母を気遣《きづか》い、母の笑顔見たさにふざけたりもする。が、子の思いやりは母には通じなかった。

感情を表に現さない母の姿は、子にとって不安そのものとなる。「動かなかった母」の姿から、私は何かあってもひとりで耐え抜く以外ないことを学び、「哀しそうな母」からは、心配をかけないイイ子になる方法を学んでいる。私のようにがんばり続ける親孝行な息子は、自らの感情を抑制《よくせい》し続けて怒りを内在化《ないざいか》し、思うに任《まか》せぬ息苦しい生き方の中でしか生きられなかったのが実情だ。

感情が抑圧されて発露《はつろ》を失うと、人は生命に直結する自由の「叫び」を失い、重い人生を耐えに耐えて生き続けなければならなくなる。人の忍耐力には限界があり、そう長くは続かない。兄たち二人は抑圧された感情の重みに耐えかねて自らの生命を断った。私は兄たちとは違い「死」を恐れる子だった。酒の力を借りたとはいえ、幼少年期のころから鬱積され続けてきた感情を、怒りとともに爆発させることができた。それゆえ、私は今でもこうして生きている。酒は決して悪者ではない。私の生命を救ってくれた立役者《たてやくしゃ》だ。

私にとって生き続けるとは重荷以外の何ものでもなかったし、大人になるとは空しい人生に耐えうる忍耐力の強化に他ならなかった。見え透いた強がりとて生きる力の一つだと思っていたし、事実、私は弱音を吐くことを恥じた。私の理想とする人生は、身に負わされた責任を誰よりも早く果たし終え、ひとり静かに年老いて死ぬことだった。生きる喜びを学びえなかった私にとって「死」は安寧《あんねい》の地であり、唯一《ゆいいつ》の安らぎでもあった。感情の捌《は》け口《ぐち》を持たない者にとっての人生は、つねに死に直結すると言っても過言ではないかもしれない。

子には親を選択することもできなければ、辛い環境を変えることもできない。与えられた生活の場がすべてとなり、その家庭環境の中だけでしか生きていけない。アル中の父も病を得た人とするなら、母もまた、そんな父にすがりつつ、困難な家庭環境の中でしか子を育て上げられなかった可哀そうな女と言うべきだろう。酒を飲んでは暴れる父に怯えつつ育った兄二人は、母を気遣うあまりに、母とともに生活苦を背負い続け、言いたいことも言えずに、人生の重荷に耐えかねて死を選択している。

二十一　定番化された私の酒乱沙汰

私の酒乱は、翌朝になって「何をやったか覚えていない」という代物《しろもの》ではなく、修羅場《しゅらば》の一つ一《ひと》つをはっきりと思い出すことができるほどに、意図的で策略的行為に満ちている。

妻と晩酌しているうちに、互いに熱くなって口論となり、力で相手をねじ伏せようとする私が、手に持っていたグラスをガラス窓に投げつけ、相手の度肝《どぎも》を抜《ぬ》いて機先を制す。パターン化された酒乱沙汰の発端《ほったん》でもある。

怒り心頭に発する話題も、ほとんど定番化されていて、私の母親のことが大半を占める。妻は私の母を「とってもいいお母さんだ」と言い、私も最初のうちは妻に相槌《あいづち》をうっているのだが、あまりにも一方的にほめられると、そうではないドロドロした女の性《さが》の部分も知っているだけに、だんだん腹が立ってきて、しまいには子の私が母を罵《ののし》り「君の言う母も母だが、私の言う母も母だ。私は子だ。なぜこの私の言うことが信じられないのだ」と、顔を真っ赤にして怒り始める。妻が「いい」と言えば私が「違う」と言い、私が「いい」と言えば妻が「でもね」と言う。私たち夫婦は何かにつけて反論し合い、互いに自分の思いを相手に無理《むり》強《じ》いしようとする子供じみた幼い夫婦だった。

平成元年の十月十日が最後の酒乱となるが、このときの酒乱は明らかに妻と妻の両親に牙《きば》を向けている。私は二十歳で養子縁組をしているのだが、結婚して以来、この親たちの世話になったことはない。どんなに苦しいときでも助けてくれなかった養家の親たちだ、との鬱屈《うっくつ》した恨みや憎しみが重なっていて、「ユーさんだけが頼りなんだから」と言いつつ家を新築させ、会社の工場まで建てさせた身勝手な親たちに、これ以上「奉仕」させられるのはごめんだ、との思いで腹の中はいつも煮えくり返っていた。

こんな時期の義父の一言が、決定的に私を歪《ゆが》めた。「子供が親の面倒を見るのは当たり前のことだ」と居丈高《いたけだか》に言い、「俺もそうしてきた」と、わずかな期間しか面倒を見ていない義母のことを引き合いに出し、私に自分たちの老後の世話を強要《きょうよう》している。当時の私の弱点でもあった、私の母の言葉尻《ことばじり》を取っては、「俺はおまえのことをおまえの母親から頼まれている」とあくまでも私をがんじがらめにしておこうとする。忍耐の限界は意外に早く訪れ、酒を飲んでは妻を相手に養父母への毒舌《どくぜつ》を吐き、酔いに任せて酒乱沙汰に及ぶことになる。

子供のころから耐えることには慣れているはずだったが、なりたくもなかった婿養子を盾《たて》に取られるに及んで、怒りは妻を含めた「対風見」に向けられ、酒の力を借りて爆発していく。今、考えてみると、養父の話も私の立場が立場である以上、当然のことだったのだが、当時は婿養子として妻方の親の老後の世話をしなければならないんだ、と思うだけで負担になり、もうこれ以上重荷を背負うのは嫌だ、と子供のようにダダをこねていたような気がする。他の人を愛し、他の人の生命を大切にするのは、成熟した大人にしかできないことだったのだ、と知るのは、最後の酒乱から四年後の今日このごろでもある。

私にとって「奉仕《ほうし》」は苛酷《かこく》な「辛《つら》さ」としてイメージされている。アル中の夫を抱えた母の苦労は、想像を超えるものがあり、母の苦労を肌で感じている子は、自分の欲求を心の奥底にしまい込んでも母を気遣う子に成長する。そんな母の存在は子の負担になるが、子は親なくしては生きられないもの、身の不自由さを感じつつも母に気を使い、母に奉仕する「イイ子」になるよう努力していく。自由に生きられなかった鬱積《うっせき》を解放することなく、婿養子として「風見家」を背負ったがために息苦しさは倍加し、人として当然のことですら重荷と感じ、「奉仕させられているんだ」との懊悩《おうのう》となり、果ては酒の力を借りて鬱憤《うっぷん》を爆発させたのが、最後の酒乱の実態となる。

両親の安心と信頼の下で、生きる本能のままに、自分のためだけに生きているのが幼少年期だとするなら、私のこの時期は親に甘えながら自分のために生きてきたとの思いがなく、つねに母親の顔色を窺《うかが》いながら人のために生きてきた。女手一つで五人の子の子育てをしている生活環境の中で育った私にとって、わがまま放題に自由に行動することは、後ろめたい罪悪感を持って生きるのと同じことだった。「母さんがあんなに苦労しているんだから、自分勝手なことはできない」との思いがすべてだったような気がする。

「母のために子は生きる」のが当然として育ってきた子にとって、自分のために生きるなどとは考えだにしないこと、まして、自分のために生きることは、生命の尊さを知ることであり、自分の意見をしっかり持って他とともに協調して生きていく生き方だったのだ、とは知る由もなかった。子供でありながら子供でいられなかった生活環境は、母のために生きる親孝行な息子をつくり上げはしたが、母に「奉仕」する人生のみを歩いてきたがために、母の存在そのものが負担となって、酒を飲んでは身の辛さを紛《まぎ》らわす、偏向的《へんこうてき》な人間をもつくり上げている。

酒は、私だけのための心の安らぎを得るには欠かせないものとなり、飲んで酔ってわがままを言っては、子供時代に体験できなかった自分だけの世界を味わっていたと言ってもいいかもしれない。自分のために飲み、自分が生き続けるために飲み続け、酒を飲むことによって初めて生きているのだ、との実感を味わっていたと言っても過言ではない。薬理作用で、私は子供時代に成しえなかったことを体験し、薬理作用で生命の尊さを知り、今また、酒を飲む苦しみの中から、人を愛し、人の生命の尊さをも学び取ることができている。「奉仕」は子供にはできないこと、生命の尊さを知った大人のみにできる「和《わ》」の世界なのかもしれない。

今、風見の両親とは別居している。私の心の中のすべての重荷を下ろしてくれた大切な親としての認識も多少は芽生《めば》えてきている。最後の酒乱の嵐が過ぎ去って四年、空《むな》しさだけが残っていた心の中にも、何かほのぼのとした温かさをも感じられるようになってきている。私の人生は他に類を見ない私だけの人生だったのかもしれない。

二十二　父の出現で始まる「頭の痛み」

北海道の北見市《きたみ》から、東京に引っ越してきたのが中学校二年の冬休み、十二月二十四日、クリスマス・イブの日だった。慌《あわ》ただしく転校手続きを済ませ、翌年の三学期から東京での中学校生活が始まる。懸念していた学力差もなく、やがて中学校三年となり、受験を迎える。多少の紆余曲折《うよきょくせつ》はあったものの、授業料免除という特典付きで、私立高校の特待生として入学できた。

最初のころは学習意欲に燃えていたし、三年間は平穏無事《へいおんぶじ》な高校生活を送れるはずだったが、高校一年の春、東京まで追い掛けてくるはずのなかった父親が、網走刑務所《あばしりけいむしょ》を出所して私たち家族の目の前に現れる。札幌の伯父《おじ》を泣き落として居所《いどころ》を聞き出したという。

辛い記憶のすべてを故郷に残し、過去の私を葬り去り、まったく別天地《べってんち》で希望に胸を膨らませた学校生活を送ろうとしていた矢先《やさき》だっただけに、父親の出現は私を不安と狼狽《ろうばい》の極地《きょくち》に陥《おちい》れた。

夕食後の団欒《だんらん》のひととき、父は突如として現れた。恐喝未遂《きょうかつみすい》で懲役《ちょうえき》五年の刑を受け、二年半で仮出所してきた身だと母に説明している。幸いにもこの夜は、十年来同居していた「おじさん」が不在だったので、何事も起こらずに済んだが、近々何かが起こることは容易に想像できた。案《あん》の定《じょう》、二日後の夜、父はグデングデンに酔っ払って現れ、「おじさん」と大立《おおだ》ち回《まわ》りをやる。誰にも干渉されない別天地での生活のはずが、北見でのあの惨《みじ》めな生活となんら変わることはないのだ、と思い知らされたときの私たち親子の落胆《らくたん》は、表現のしようがない。

耐え続けることに慣れっこになっていた私の心にも微妙な変化が現れ、捨《す》て鉢《ばち》な気分で毎日を過ごすようになっていく。学校生活も急に色褪《あ》せて見え、毎日通学するのも馬鹿ばかしくなり、家に閉じこもってひとり机に向かうようになる。母や長兄の期待が目の前にちらつき、私が学校をやめてしまうのは余程《よほど》の理由がないかぎり無理なことだと、ひとり悶々《もんもん》と苦しみ始めた。さまざまな理由を考えては退校《たいこう》の機会を窺《うかが》うようになり、学習意欲は急速に衰退《すいたい》していく。眠れぬ夜を何日も過ごしていたある夜、急に頭痛がしてきた。吉川英治の『三国志』を読んでいたときだったと今でもはっきり記憶している。ビクンビクンと右こめかみが痛み始め、右後頭部、左後頭部、左こめかみと順送りに頭痛箇所が増え、数分後には眼球の奥を中心に頭部全体が割れるように痛んでいた。いつ治《おさ》まるともわからぬ痛みの中で、このまま狂ってしまうのではないかとの恐怖に襲われ、頭から布団をすっぽり被って息を殺して耐えていた。二十分くらい経った後だろうか、痛みが和《やわ》らいできたのを感じると、ドッと疲れが出てそのまま眠りについていた。

その後幾度となく同じような頭痛に襲われたが、やがて痛みそのものに慣れてくると、頭を抱えて痛がっている私自身が妙《みょう》に愛《いとお》しくなり、痛みそのものを楽しむようになっていた。痛みに耐えてじっと辛抱している私は、誰もができない困難をやり遂げている、とても偉い存在のように思え、痛みに耐えている私こそが本当の価値のある私のような気がしてきた。痛みは私に、私の存在理由を告げ、私の存在を位置づけ、今ここに生きている人間としての自覚をもたらしていたのかもしれない。頭が痛み始めるのを心待ちにしている私自身に気づくのに、そう長い時間はかからなかった。私は痛みを私だけのものとし、他の人に伝えるのをやめた。痛みの中にいると、煩わしい諸事万端《しょじばんたん》と無関係な世界にいられたし、母であれ、父であれ、私と関係するすべての人々との繋がりを断ち、私は私だけでいられた。痛みを考え、痛みを心待ちにしている私は、誰にも邪魔されない私だけの世界の人となり、痛がっている私だけを考えればいい人になっていた。私にとって痛みは排除すべきものではなく、私が必要とするときにはいつでも痛み始めるものでなければならなかった。全神経を右側頭部に集中して、脈流の一つ一つを感じ取る訓練をすることによって、強いパルスのみを集約的に意識できるようになったが、しょせん痛みは痛み、我が意のままにはならなかった。

自由意志のままに痛みを取り込むことはできなかったが、父親の出現によって学問への意欲が失われつつあった時期だけに、痛みへの不安は学校をやめる決定的な理由づけとなっていく。その後、退校するともしないとも決めかねつつ数ヵ月過ぎていったが、夏休みを目前に控えたころ、私は意を決し退校したい旨を担任に話すことになる。

「学校に通うことのみが学業の道ではない。独学でもなんでも学問することには変わりはない」などと、勝手な理由をつけて退校の意思を表示したが、担任は、

「休学しろ。来年からもう一度やり直せ」

と、休学を強要する。

限りなく優越感を満足させてくれていた「特待生」に未練のあった私は、担任の申し出を受け、休学を承知することになる。母が学校に呼ばれ、長兄に叱られたりもしたが、私の意思は変わらず休学の処置となる。医師の診断書を出せとのことで、医師の診察を受けたときの惨めな思いは、今でも記憶に生々《なまなま》しい。

自ら望んだ独学の道が叶《かな》えられただけに、最初のうちは喜び勇んで哲学書などを読んでいたが、このころの私は集中力と忍耐力に欠け、何をやっても長続きはしない。ニーチェを読むにしても青息吐息《あおいきといき》で、一冊読み終えるのに数週間かかっている。夜が以前にも増して長く感じられ、胸が締めつけられるような不安と孤独感に苛《さいな》まれるようになった。心が不安定になり、身震いするような淋しさに襲われたときに、頭の痛みが発症していたのだと知るのは、二十六年後の初夏、分析療法が始まって一年半後のこととなる。

物憂《ものう》げにひとり湯船に浸《つか》っていると、突然記憶の糸が三歳のときに体験した父の酒乱沙汰に結びつき、身も凍るような恐ろしさの中で、泣くにも泣けずに目を見開いて震えていた過去の私に、今ある私が同化し、幼児期の戦慄《せんりつ》的な身の危険を、痛みに変えて逃げようとする意図的な心の動きがはっきり見え、愕然《がくぜん》としている。痛がっている私は、父の酒乱沙汰の恐怖から逃れ、痛みを追い掛け、痛がっていればいいだけの人になっていた。

幸か不幸か、この痛みを抱えたまま分析療法を受ける羽目になり、私が逡巡《しゅんじゅん》する心の動揺を乗り越えて、右こめかみがヒクつき、痛みが頭部全体に及んでいる状態を医師に話すことになる。医師の勧めで脳波の検査を受けたが、結果は予想どおりで異常なし。この段階では痛みをどう克服していったらいいのかわからなかったが、連日連夜震えながら痛みそのものを見つめ続け、痛みの中に存在していた私の「恐怖」と正面から対峙《たいじ》した結果、出刃包丁を振りかざして母

を追い掛け回している父の姿が鮮明に記憶に甦り、目を見開いたまま父の酒乱沙汰の恐怖に耐え抜いていた憐れな私の姿をはっきりと認識することができた。ほどなく、スウーと痛みそのものが和らいでいき、二、三日後には、痛みそのものが消滅してスッキリとした頭になっていた。つまり私の心の深部で眠っていた身の毛もよだつほどの恐ろしい記憶が、父の出現で呼び起こされそうになったとき、防衛手段として私の頭は痛み始め、痛みの中に自己を埋没《まいぼつ》させることによって、死にも等しい恐怖心から逃れていたのだということになる。

幼児期に受けた心の傷が、頭の痛みという具体的な症状となって、十五歳の多感な時期に表出《ひょうしゅつ》したと言えるのかもしれない。自らが二代目アル中となって、父と同じく暴言暴力で家族を傷つけたことを思うと、酒をやめ続けるための断酒会通《だんしゅかいがよ》いは生涯続けるべき私の償いのような気がしてならない。今は父への憎しみも消え、穏やかに手を合わせて冥福《めいふく》を祈ることができる。

二十三　私が必要とした「デスゾーン」

「風見さんの淋しさは、普通の人の淋しさとは違います」との精神科医の言葉は、私の心奥《しんおう》に秘められていたデスゾーン（死の領域）をえぐり出す。子供でありながら子供でいられなかった幼少年期の苛酷《かこく》なまでの労働は、父親という稼ぎ手がいなかっただけに、母子それぞれに課せられた、生きていくためにはやむを得ない手段となっていく。が、しょせん子供は子供、限界点に達するのは早い。普通に育った子なら、限界を知ると放り出して当然なことでも、私が育った家庭環境では許されざること、私が放り出せば苦役《くえき》にも似た労働に従事している母が苦しむだけとなる。母の労苦を肌で感じ取っている子は、たとえどんなに辛い仕事であっても最後までやり遂げなければならず中途で放り出すなど考えだにしない。苛酷な労働とてそれなりに受け入れていかざるをえない。が、しかし、他の子が自由に遊んでいるのを横目で睨《にら》みつけながらやるのは辛いことで、「なぜこんなことをしなければならないんだ」との憤懣《ふんまん》が胸の中に湧《わ》き立《た》ち、目尻《めじり》には涙さえ浮かんでくる。「今日中にやってしまわなければ母さんが困るんだ。母さんが悲しそうな顔をするだけなんだ」と自分自身に言い聞かせてみても、遊び盛りの子には、辛い労働は辛さ以外の何物でもなく、やり遂げた喜びとてない。

「生活苦」が身に余る労働となって重く肩にのしかかってくるのは、「貧乏だからしかたがないんだ」とわかっていても、幼い心は辛さから逃れようと必死で心の安らぎを求めようとする。体は拘束《こうそく》されていても心は自由になる。が、悲しいかな、辛い心は暗く、何を考えても憤《いきどお》りだけとなる。身の不幸を憐《あわ》れみ、憐憫《れんびん》の中にほのかな安らぎを感じても、これとて束《つか》の間《ま》の安らぎ、労働から解放されることのない心は、「こんなに辛いなら死んでしまったほうが楽だ」と思うようになる。自由を拘束され、憤懣が渦を巻いている心に「死への憧憬」が意識されてくるのも、苛酷な環境がゆえに、やむをえないことだったのかもしれない。心の成長に必要なもののすべてが欠けていたのが私の幼少年期だ。

私の心奥に潜んでいたデスゾーンの正体が、大人になりたがらなかった私の「逃げ場」だったのだと知るのは、分析療法が始まって三年目のこととなる。「生きたいんだ」との思いを打ち消しつつ、「孤独な私に同情してください」と他の人々に甘えて生きていこうとする「弱ぶった私」だけの逃げ場だったのだ。存在感のない父親からは、男性としての生き方を何一つ教わることができず、私の心奥に潜《ひそ》んでいた女々《めめ》しさをたくましくしては、強そうに見える母親に甘えて生きていこうとしていた未成熟な心の逃げ場にすぎなかったのだ。四十数年間に及ぶデスゾーンへの固執《こしつ》の中から、強そうに見える人には甘えてでも生きていこうとする「生への渇望《かつぼう》」を持って生まれてきたのが、私という子だったのだと知ることができる。大人になるとは辛《つら》い道程《みちのり》の一《ひと》つひとつを乗り越えていくもの、その辛さから逃れるために、私にはデスゾーンが必要だったということになる。

心の中には何千何万という耐え難いものがあるのかもしれない。「生きたがっていた私」は「ひとりでも生きていけるんだ」と認めるのを嫌がっていた。認めてしまうと、ひとりでがんばり続ける方法しか知らないがゆえに、がんばり続けなければならなくなる。がんばることがどれほど辛いことかを、幼少年期の家庭環境の中から学んでいる私は、辛さから逃れて楽に甘えて生きていける方法を探していたような気がする。親から離れて巣立つ時期が来ても、ひとりで世に出るのを恐れて閉じこもり、酒を飲み続けていたのが私の姿だ。弱い私であり続ければ、いつでも母が登場してくれると信じることが私の生きる術《すべ》であり、「弱い私」であり続けるためにはデスゾーンはなくてはならないものだった。

アル中の家庭で育った私には、安心していられる場がなかった。生きていくことの辛さが現実味を帯びてくればくるほど、その厳しさから逃れようとして「居やすい場所」を求め、その結果としてデスゾーンがつくり出されている。私が安心していられる場所はデスゾーン以外にないのだとの認識の下で、私は四十数年間生き続けている。未成熟《みせいじゅく》な心がつくり出した現実逃避の場がデスゾーンだったのだと、私が私に言いきれるようになるまでに、四十数年間を要したということにもなる。

私のような生育歴を持った人間にとっては、生きていくためにはデスゾーンが必要だったし、現実の辛さから逃れるためには飲酒も必要だった。必要とすべきもののすべてを手に入れた私は、今日までこうして生き長らえている。「よく生きてこられたね」と精神科医が言うように、生きるために必要なものならなんでも手に入れてきたのが、私というアル中の正体《しょうたい》なのかもしれない。そして、この事実は、必要とするものならなんでも手に入れることのできる「強い気質」を持って生まれてきたのが私なのだ、ということを証明しているのかもしれない。

大人になりたくなかった。子供のままでいたかった。いつまでも母の乳房にすがりついていたかった……。何もかもが不足し、いつも満たされなかった子にも、「裸《はだか》」になって大人になる時期が来ているのかもしれない。

二十四　「淋しさ」を友として生きる

私の淋しさは、心の中に巣くう「死にたい。死んだほうが楽なんだ」と思う心の大本《おおもと》だったし、真一文字《まいちもんじ》に通じる死出《しで》の門出《かどで》の入口でもあった。生きる喜びも知らずに育ってきた私にとって、「いつでも死ねる」との思いは安らぎでもあった。

酒乱のアル中の父親を持つ家庭環境は悲惨極《ひさんきわ》まりない。暴力沙汰に怯えて五人の子供を育て上げなければならない母には、子にかまけているゆとりなどない。父はあっても父はなく、母はあってもなきに等しい。兄弟は一塊《ひとかたまり》となってはいるが、親という求心力を失っているがゆえに、親と子の縦の関係も、縦の関係から生み出される横の関係もなくなり、それぞれが自儘《じまま》に生きる不安と淋しさの中で息づいているだけだった。互いに助け合える年齢でもなく、互いに助け合う術《すべ》など教わりもせず、身の不安に耐えていたにすぎない。いつも何かに怯え続けていなければならない不安心理は、成人後も長く尾を引いた。それゆえ、兄二人はなんの信号を発することもなく、孤立の中で首吊り自殺をしている。人はひとりでは生きていけないが、ひとりでいるより他ない者にとって死は楽な道となる。

私の淋しさは深い。淋しさの原初的体験は母との関係にあるのかもしれない。我の強い、育てにくい子として生まれてきたのが私という子に違いないが、泣きじゃくる子を見捨てることなく、物陰《ものかげ》でじっと待ってやれる「ゆとり」が母にあったのなら、私の淋しさの形も多少は変わっていたのかもしれない。泣きじゃくる子はいつも母の姿を求めて泣くもの、ひょっとして、道の外《はず》れで待っていてくれるのではないかとの不安と期待を抱きつつ、その場に行っても母はいない。ひとしきり激しく泣いた後、淋しさと空しさの中で泣きやむ以外になかったのが私という子だった。安心して母の胸の中で泣いていた記憶はまったくなく、母にも泣くだけ泣かせてやるゆとりはなかったに違いない。ひとりで淋しさに耐える以外になかった私たち兄弟の生死の境目《さかいめ》は、勇《ゆう》を奮《ふる》って人の輪の中に活路《かつろ》を見いだすか、または死にゆく心を受け入れて死を選択するかの二者択一《にしゃたくいつ》しかなかったに違いない。兄たち二人は死を選択し、私は酒に安らぎを求めてアルコール依存症になっていく。

　今、私は生きていくために、心の中に巣くっている淋しさに慣れ親しもうとしている。決して消えてはくれない淋しさとの同居を、受け入れようとして四苦八苦《しくはっく》している。淋しさを友とし、淋しさに耐えなければならない己自身を楽しみたいと思っている。淋しさを語る私が、本来の私であるかのように振る舞い、強がって淋しさとともにあろうとしている。最深部の記憶に淋しさしかない私にとって、淋しさは拒絶《きょぜつ》できない私とともにあるもの、私のすべてとして受け入れざるをえない。

「淋しさの中の淋しさ」とは、淋しさの中でしか生きゆけないのが私なのだ、と意図的に自分を決めつける諦観《ていかん》に他ならない。この諦観は生と死の間にあって、たゆたうごとく、生から死を見つめ続けなければならない辛いものとなる。生きる喜びを知らずに育った者にとって、生きるとは、自らに負わされた社会的責任を一日も早く終わらせて死《し》に至《いた》ることに他ならない。つねに何かに追われるように人生を急いできたのが私だ。凝縮《ぎょうしゅく》された人生は過度の重荷となって、その日いち日一日を辛いものにする。辛いがゆえに、アルコールがもたらす酔いに一時の安らぎを求めて飲み続けてきている。飲んでも、飲んでも、安らぎは得られず、残るのは単なる二日酔《ふつかよ》い。やがて酒に囚《とら》われ、酒なしでは生きていけない人生となっていく。度重《たびかさ》なる酒乱沙汰《しゅらんざた》が自責《じせき》の念《ねん》に追い打ちをかけ、にっちもさっちも行かなくなって、アルコール専門病院の門を叩くことになり、断酒会の中で酒が止まることになる。

　酒が止まって私の目の前に現れたのは、淋しさにうちひしがれていた現実の私であり、淋しさの中にある死への恐怖に震え続けざるをえない私自身だった。私の淋しさは「ひとりぼっちの淋しさ」であり、人との絡《から》みのない孤立した淋しさに他ならない。淋しさそのものなら、酒乱沙汰を起こそうが、それなりに耐えることはできたが、死に直結する淋しさは、自らの死を見つめ続け、いつどうやって死ぬかを考えることになるので、生ける屍《しかばね》同然の心理状態となってしまう。時として、死の誘惑に負けそうになる己自身を支えなければならず、まさに「生き地獄」そのものとなる。

淋しさは私の心の病の元凶《げんきょう》そのもの、その淋しさを友とする以外に生きていく方法のなかった私にとって、「生きゆく」とは、死線とともにある私を、私が認める作業に他ならなかった。消えやらぬ幼少年期の辛い記憶の中にある淋しさは、骨《ほね》の髄《ずい》まで染み込み、生涯離れてくれないものなのだと思っていた。その運命を背負って生きていかなければならないのが私なのだと諦めてもいた。

淋しさから離れられない私は、いつも弱く、自らの弱さを自覚していなければ安心していられなかったのも事実だった。強がりは、短絡的な死を招く以外の何物でもなかったゆえ、私はいつも弱ぶっていなければならなかった。弱さを自覚して「真性《しんせい》の弱《よわ》さ」の中で、自らの死を見つめ続けて生きるのは辛い生き方だった。

母と子の人間関係から生まれた淋しさは、一つ一つ整理されて吐き出されることによって、「淋しかったものは、淋しかったんだ。淋しいものは今でも淋しいんだ」と、その事実を認められるようになってきている。淋しさを語る私がいて、私の話を聞いてくれる人たちがいる。母との関係では癒されることのなかった淋しさも、断酒会の中で語ることによって、和らいでいくのを感じられるようになってきている。人との関係の中から生まれた淋しさは、人との関係の中でしか癒されないのかもしれない。

二十五　淋しさの中にある淋しさ

子供というのは、自分の母親や父親は自分を保護してくれる優しい人なのだと知っているからこそ、遊び友達に自慢したがるのかもしれない。

四、五歳のころの私の記憶にも、お父さんお母さんの話を得意げに話している子供たちがいたが、私はその子らの話の中に入っていけなかった。私の父は酒に酔っては怒鳴り声を上げ、母に殴る蹴るの乱暴する人以外の何者でもなかった。父の噂話は幼い私を傷つけるものであり、母は父の暴力から私が守っていくべき人で、決して自慢話の対象ではなかった。親たちの話が始まると、私は友達の輪から離れていき、どうにもならない淋しさを抱えて畑中《はたなか》の道を歩いたり、田圃《たんぼ》の畦道《あぜみち》に座り込んだり、灌漑《かんがい》用水路の土手沿いを、下を向きながら歩いたりしていた。

弟と私は二歳離れている。弟が母に背負われ、私が母に手を引かれて北見警察署《きたみけいさつしょ》の石段を登っていった記憶がある。三歳前後の記憶だろうと思うが、母が差し入れ用の菓子パンを買っているので記憶は鮮明だ。石段を登りきると大きな扉があり、中に入っていくと怖《こわ》そうな係官《かかりかん》が出てきて、私たち親子を奥のほうに案内してくれた。長い通路を抜けて石段を降りていくと鉄格子《てつごうし》があり、項垂《うなだ》れて後向きに座っている人がいた。なんとそれが私の父だった。母の姿を見た父は鉄格子にすがりつき、涙を流しながら何やらしきりに頭を下げていた。何を話していたのか記憶はないが、父の涙と母の涙が、幼い私の胸を押《お》し潰《つぶ》しそうになったのはよく覚えている。

私の育った家庭環境では、子供たちはひとりぼっちで生きていかざるをえなかったのかもしれない。人との絡みを学ぶ原初的体験が親子であるとするなら、私にはなかったもの、ひとりぼっちになる習性は物心《ものごころ》ついたときには既《すで》に私の心の中に存在していたもので、後ろめたさに怯えて酒を飲み続けていたからでも、酒を取り上げられまいとしてひとりで隠れるようにして飲んでいたからでもない。ひとりになることが病気の始まりだとするなら、私の病気は、自慢できる父親もなく母親もなかった家庭に育ったがゆえの宿命的なものと言えなくもない。二十九歳のときに、父が行き倒れたとの知らせを姉から聞いたときの私は、悲しむでもなく、淋しがるでもなく、ただボーッとしていただけだったし、四十歳で母が亡くなったときは、すべての束縛から解放された思いでいただけだった。「かえって両親はいないほうがよかった」との精神科医の言葉の重みが、今ごろになってようやく理解できるようになってきている。

両親の愛と保護の下、安全で居心地のよい家庭環境で育ってこそ、子は親を自慢し、誇らしげに語ることができるものだとするなら、私には望むべくもなかった。母親に甘えた記憶すら私にはない。

生前の母は、妻に「豊はわがままだから」とよく言っていたという。私は絶叫《ぜっきょう》したい。母親に甘えたこともない人間が、人間らしいわがままなど知《し》る由《よし》もないと。己《おの》が道は己が決め、その進路に沿って孤独な戦いをしてきたのが私なのだとも。母親と話すことに恥ずかしい思いしか抱けなかった子は、人との関係を学ぶこともできず、困ったことが起きてもひとり悶々《もんもん》として苦しみ、人に相談する方法すらわからず、本能のみで生き続けなければならない。

「人が私を支えてくれているんだ。私はひとりじゃないんだ。大勢の仲間がいるんだ」と知るのは、断酒会に入って三年過ぎてからのことになる。母の言うわがままとは、単に親の言うことを聞かない子との意味、そうせざるをえなかった子らの苦悩など理解しようともしない、親の身勝手な感慨《かんがい》と言ってよい。

親に甘えて育った子のわがままは、いつも人が絡んでいる可愛《かあい》いもので、甘えを知らずに育った子のわがままは孤独な突っ張りだ。

人との絡みのない孤独な淋しさは、限りなく人を恋しがる心を育み、一度知り得た人とは離れようにも離れられない心を育て上げてゆく。私の心の中に巣くう淋しさを知ってくれる人以外は、私とは無関係な存在となり、私の淋しさを一方的に受け入れてくれる人のみが、私の友となり、女性ならば配偶者となりうる。幼少年期から引きずり続けてきた淋しさのすべてを受容《じゅよう》し、私の人生の重荷のすべてを背負ってくれる女性が、私の妻たる資格を持つ女性となる。

その女性が現在の妻だ。妻は私の人生の重荷のすべてを背負わされた犠牲者であり、それと気づかずに、拗《ねじ》くれた甘えに耐え抜いた女神《めがみ》に他ならない。が、現実には私の重荷のすべてを引き受け、背負ってくれる女性などこの世に存在するはずがない。実生活の中でも子育てに追われ、日々の雑事に追われている妻に見放《みはな》されることになって、私の淋しさと同調し、私を憐れんでくれる女神は私の心の中にしか存在しなくなり、女神と出会うには酒の酔いがなくてはならないものになっていった。

食卓の前にいる女性は、子育てに追われている妻だったが、飲むほどに酔うほどに私の頭の中は痺《しび》れ、いつしか現実の妻とは掛《か》け離《はな》れた、私だけの女神でいてくれることを望み、そうし向《む》けてゆく。妻にゆとりのあるときは幼子《おさなご》をあやすように、それなりにつき合ってくれるが、そうでないときは邪険《じゃけん》に突《つ》き放《はな》される。ありとあらゆる甘言《かんげん》を弄《ろう》して私のほうに向かせようとするが、私とともに泥沼《どろぬま》にはまり込むほど妻は不健康ではなかった。

意を解してくれない妻に腹を立て、酔眼《すいがん》を見開《みひら》いて無慈悲《むじひ》をなじり、果ては威嚇《いかく》してお膳《ぜん》を引っくり返しては酒乱沙汰を繰り返していた。妻にも背負ってもらえなかった淋しさを、紛らわそうと飲んでいたのが私の酒であり、酒乱であり、甘えの構造に横たわる「私のわがまま」となる。

人にも酒にも限界があることを感じ取り始めるのに、そう長い時間はかからなかった。十九歳で駆け落ち結婚し、二十三歳では既に限界を感じ始めていたような気がする。限界を知らしめられた淋しさは、私の心を傷つけ始め、淋しさの中に存在している私の心自体《こころじたい》が私を慰撫《いぶ》してくれる唯一《ゆいいつ》のものとなり、淋しさを和らげ、解放される方法などは考えることもなくなり、淋しさに溺れ、淋しさがゆえに生命を断つ方法を考えることが、唯一の慰めとなってゆく。「淋しさの中にある淋しさ」とは、自分の生命ですら捨て去ることを厭《いと》わない突っ張り型の自棄《じき》の心に他ならず、「死《し》こそ易《やす》し」と思いゆく強がりに他ならない。三、四歳のころに植えつけられた淋しさは、成人後も癒《い》えることなく、独善的《どくぜんてき》な死生観《しせいかん》に直結し、己《おの》れの心を己れで憐《あわ》れむ根幹《こんかん》となり、人との関係を忌避《きひ》し、ひとりぼっちの人生観を築き上げていく。「淋しさの中にある淋しさ」は、死に直結するものとなり、死の世界こそが安住《あんじゅう》の地との思いを育み、生と死の狭間《はざま》で「死にゆく己が姿」こそが、自己を完成させる唯一の方法だと信じるようになってきていた。

幼少期から、ビクビクと緊張の連続の中で育たざるをえない環境を余儀なくされると、「俺は平気なんだ」と思わなくては生きていけなくなる。このような家庭環境の中から、さまざまな心の痛みが発生《はっしょう》してくるものと思われ、「こうなったのは俺のせいじゃないんだ」と言えば言えなくもないが、私の抱えている病に気づいた私が、私の病を何とかしなければないのも事実だ。

二十六　「可哀そうな私」と酒乱沙汰

幼少年期に体験してきた辛い記憶を忘れようとしても忘れられず、苦しみながら私は酒を飲み続けてきた。酒を飲むと記憶はより鮮明に拡大されて渦《うず》を巻《ま》く。辛い思いをしてきた「可哀《かあい》そうな私」に行き着くと、逃《のが》れる術《すべ》を失い、苦悶《くもん》の体《てい》をなす。「可哀そうな私」の記憶はより辛いものになって心に重くのしかかり、私をいたぶり始める。離れようにも離れられない、自己を憐れむ情《じょう》から逃れるためには、どこかで何かが起きて、切ってもらわなければならない。切るキッカケをつくってくれるのが妻の役割だった。不安げに私の表情を窺《うかが》い、何くれとなく言葉をかけてくれるその言質《ことばじり》を捕《と》らえて、言《い》い掛《が》かりをつけ、「可哀そうな私」に怯えていた私を私が鼓舞《こぶ》し、居丈高《いたけだか》に強がり始める。このときの妻の言質こそが、辛い記憶にはまっている私を救い出してくれる唯一《ゆいいつ》のもの、自らを楽にしようと暴言を吐き始め、声《こえ》を荒《あら》だて、果ては髪の毛を鷲掴《わしづか》みにして振り回し惨憺《さんたん》たる酒乱沙汰を招く。

何度同じ行動パターンを繰り返したことか。翌朝、目覚めとともに、畳に額《ひたい》を擦《す》りつけるようにして詫《わ》びを入れる。が、夕方になるとお膳の前にどっかと腰を据えて、再び飲み始める。怖いもの見たさで前夜来の記憶を追いかけ、マゾヒズムの世界に入り、自分で自分をいたぶる快感に酔いしれてゆく。この夜も行く着く先は「可哀そうな私」だ。苦痛に耐えきれなくなると、記憶の糸を断ち切ろうとして、妻を相手に再び酒乱沙汰を起こし、体力の続く限り暴れてゆく。

断酒会の中で、思い出したくもない辛い記憶を呼び起こし、仲間の前で叩きつけるように吐き出してゆくと、震えながらも吐き出すことのできた自分に満足し、辛さがいくらかでも和らいでいくような気がする。吐き出すときの苦しみは、生きていく怖さに震えていた幼少年期の心に動きがよく似ている。生まれたばかりの赤子《あかご》は、ひとりで生きていく怖さの中で泣くもの、親はそんな子を慈《いつく》しみながら育て、ひとりで生きていけるようにゆっくり見守り続ける。これができて初めて親と言えるのだろうが、アル中の亭主を抱えた母には、その余裕はまったくなかったとも言える。余裕とは、その子のありようをそのまま受け入れられる「ゆとり」のこと、私は母から受け入れてもらっているんだとの安堵《あんど》感を知らずに育っている。ひとりぼっちの淋しさの中で、本能の赴《おもむ》くまま生きる宿命をここで背負《せお》う羽目《はめ》になる。淋しさから離れられず、淋しさの中でしか生きていけなかった私は、その淋しさゆえに「ひとりでいられない」私となり、なんにでも依存してゆく体質を自分のものとしてゆく。私の依存体質の一部は、子育ての折に、「ゆとり」を持ちえなかった母の周辺環境から生まれてきたものなのだと言えなくもない。

針の穴から遠くを見つめるようにしていたのでは、淋しさそのものを現実のものとして掴み取ることができない。相応《そうおう》な距離を保って心の中で生息《せいそく》している淋しさを、我がモノとして心の内に呼び込み、例会の中で叩きつけるように吐き出していくと、淋しさそのものが和らいでいく。「淋しかった事実」が事実としてきちんと整理され、「そんな中でも生きてこられたじゃないか」という自信めいたものに変わってくる。「ギリギリの強さ」の中で、震えながら心の中に巣くっている淋しさを語っているのが今の私だ。

葬り去ることばかり努力していた私の過去は、寸断《すんだん》されるのみで、関連性を失い、私の存在そのものを真《ま》っ二《ぷた》つに引き裂いていた。

私のルーツに私はなく、今ある自分が誰なのかさえ理解できなくなっていた。「辛い幼少年期に私は存在していなかったのだ。あの過去は、私とは無関係なのだ。私は普通の人間だ。普通の環境で普通に育ってきたんだ」と思い続けてきた。が、事実を否定しては、私は存在しなかったことに今気づかされている。「私は誰なんだ」との問いに答えられず、何をやっても足元がふらつき、ぐらついてしまう「不安」から逃れるために酒を飲んでいたのが私だ。

分析療法は私を私であらしめるために、辛い記憶のすべてを思い起こさせ、「その辛い過去の中で生き長らえてきたのは私なのだ。それを認めろ！」と強要してきていた。精神科の女医さんの援助の下《もと》、認められた辛い過去を断酒会で吐き出し、辛い過去の中に存在していた私と、今ある自分を繋《つな》いできている。

今、確かな感触《かんしょく》として、「安定しつつある私」を私自身が感じ取ることができている。過去の辛い記憶の中にあった淋しさの一部は和らいできているものの、また新たな淋しさが積み重ねられているのも事実だ。逃げ出したいときもあるが、「知りたがる心」は、過去に腕を伸ばして淋しさを掴み取り、今ある私の心の一部としていく。震えながら積み重ねている段階だと言えなくもない。満杯《まんぱい》になったら私の心はどう反応していくのか、怖いような気もするが、今の私には、医師を信頼し、断酒会を信頼するよりない。

二十七　鬱は私の心そのもの

私の淋しさは、「生まれてきたんだから誰にも遠慮せずに生きていっていいんだヨ」と誰にも認められなかった淋しさであり、生きていながら、「お腹が空いても何も食べなければいいんだ。僕さえいなければ食べる量が少なくなるんだ。誰にも気づかれずに、何も食べずにひっそりと死んでしまえば、母さんが楽になるんだ」と、自分で自分の存在を消さなければならなかった「生き辛さ」そのものが原因となっている。空腹のあまり、隣の人参畑を荒らし、母がクソババアにとっちめられているのを見ると、「本当に悪いことをしてしまった。何て奴なんだ、オレは」と思う。抑えようにも抑えきれない自分の我《が》の強さを、自分自身で感じるのは辛いことだったし、空腹とはいえ、我《が》の赴《おもむ》くままに衝動的に盗みに走っては母を窮地《きゅうち》に追いやってしまう自分を自分で嫌がっていた。「可哀そうな母さん」を楽にしてやるには、私がおとなしく息をひそめているか、または死んでしまう以外になかった。

淋しさを感じる家庭環境の中に放り出されると、その生き辛さから逃れようとして、反作用的に「オレは淋しくないんだ」と思いたがり、そう思う心がいつしか心の中をガチガチに固くしていき、現実にある淋しさを認めようとせず、何もかも満たされている夢想の世界をつくり上げ、その中で生きようとする。現実の生き辛さが厳しければ厳しいほど、夢想《むそう》の世界の城壁《じょうへき》は高くなり、否認の構造はより複雑になっていく。生きやすい場で生きたいと願うのは人としての本能、現実を認めたがらない心《こころ》の葛藤《かっとう》は、陰湿《いんしつ》な内面《ないめん》の暗さのモトとなり、現実をそれなりに受け入れ、それなりに人とつき合っていかなければならないとなると、その場しのぎのなまくら返事となっていく。内面の暗さは、現実を知りつつも知ろうとはしない逃避的《とうひてき》な心の動きと言える。

現実を受け入れる厳しさは言語《ごんご》に絶《ぜっ》するものがあった。私がつくり上げた城壁はあまりにも高く、分析療法なしでは崩《くず》しえなかったものと今では知ることができている。私の否認の構造をガチッと受け止めてはズタズタに引き裂き、事実は事実として積み重ねては、現実の私を私が受け入れられるように手助けしてくれたのが精神科の女医さんであり、認められた事実を吐き出し、心の中をスッキリさせてくれたのが断酒会の存在となる。私が私をしっかり見つめ、私が私を知り、現実の私を私が受容《じゅよう》できて初めて「オレってこんなもんサ」と、今ある私に私が満足できるようになってきている。私にとっては微《かす》かな喜びを伴《ともな》う新しい世界だ。

この五年間、私は信頼しえる女医さんに支えられてきている。酒のない素面《しらふ》の世界は極端な鬱《うつ》の症状を招き入れ、いつ果てるともなく続いていく。赤ン坊は嫌なものに出くわすと、危険を感じて泣き始めるが、私という未成熟な大人は正面から向かわなければならないものであっても正対《せいたい》しようとせず、酒の酔いの中に逃げ込んでいた。赤ン坊のイヤイヤと同じで、嫌な場面に出くわすと鬱に入り酒を飲んでいたのが私というアル中、素面での鬱の状態は赤ン坊のイヤイヤと同次元《どうじげん》のような気がしてならない。この五年間、酒に酔うという手段を失ったがゆえに、どっぷりと鬱《うつ》に浸かりきる以外に鬱から逃れる術を持たなかったのが私であり、私が私の鬱に慣れるのに、五年の歳月を費やしたのだと、今は納得できている。

鬱に慣れてくると、鬱そのものが私の心であり、私には鬱があっていいのだと思えてくる。ひょっとして「大人」とは、鬱は鬱として抱えて生きていける人、自分の心の中にある淋しさは淋しさとして、しっかり認識して生きていける人なのかもしれない。どうも私の精神科の女医さんは、「鬱《うつ》を抱えて生きていける人が大人なんですよ。風見さんもそうなりましょうね」と、私の鬱の状態を支えてくれたような気がしてならない。

嫌なことがあると確かに二、三日グラグラ揺れるが、どっぷり浸《つ》かっているのは一日の中でも二、三十分程度で、不安げな私に私が疲れてくると、何か他のことをやり始め、欝の状態から逃れようとしている。机にかじりつくのもひとつの方法、短歌の情景を思い浮かべるのもひとつの方法なのだが、何よりもいいのは、私の今の気持ちをテーブルの上に載せて、妻を相手に話し合いをする方法だ。妻には申し訳ないと思っている。酒を飲んで暴れては塗炭《とたん》の苦しみを味わわせ、酒が止まったら、今度は欝でございます、と話し相手になってくれと強要している。心が晴れたら晴れたなりに、突拍子もないことをやらかしてはまたまた面倒《めんどう》をかけている。どこまでいっても幼稚《ようち》というより他はないが、それを喜んでくれている妻の姿をときおり窺《うかが》い知《し》ることができているので、今のところはこれでいいと思っている。

欝は私の欝であり、私の心そのものであり、私が私を確認し、認識しようとしている大切な瞬間《しゅんかん》なのだと今は知ることができている。

二十八　私が私を嫌う淋《さび》しさの大本《おおもと》

幼少年期の私は満たされないお腹を抱えて、餓鬼《がき》のように目をギラギラさせている子だった。空腹は辛い。お店に並んでいる食べ物を見ても手に入れることができず、物欲《ものほ》しそうに横目で見ては通り過ぎなければならない。米櫃《こめびつ》に米が入っているのなら、家に飛んで帰って、生米《なまごめ》でもなんでもかじって、グゥーグゥー鳴るお腹を満たしたいが、一粒の米すら残っていないのを私は知っている。人の物を盗むのは悪いことだとも知っているので、それもできず、井戸の水をガブガブ飲んでみる。が、しょせん水は水、空腹が満たされるはずもなく、お腹の中でチャポンチャポンと音を立てているだけだ。泣きたいほど情けなくなるが、泣いたところでどうにもならない。

灌漑用水路《かんがいようすいろ》の土手の上に畑があり、その隅に私の背丈《せたけ》ほどのグスベリの木があった。近所の子供たちは、秋ともなると赤く熟した実を摘《つ》んでは口に頬張《ほおば》る。年上の餓鬼大将《がきだいしょう》の縄張《なわば》りだったので、旬《しゅん》の季節には近づけず、空腹を抱えて恐々《こわごわ》行くころには、もうほとんど残っていない。ガッカリしながら真ん中の奥まった所に目をやると、二、三粒だが食べられそうな実が残っている。たぶん他の子供たちは棘《とげ》にチクチク刺されるので諦《あきら》めたのだろうが、私にとっては千載一遇《せんざいいちぐう》のチャンス、ためらう間もなく、ググウーッと棘《とげ》の木々《きぎ》の隙間《すきま》に腕を潜《もぐ》り込ませていった。ほんのわずかな距離だが届かない。下に落とさず確実に掴《つか》むには、さらに二《に》の腕《うで》まで突っ込まなければならない。さすがに不安になったが、背に腹はかえられず、ズブズブーッと腕を差し込み、実を手中に収めた。

このときの私には、寸分の隙間もない棘々の中に腕を差し込んだら、その腕がどうなってしまうのかなどとは考えている余裕すらなかった。血が吹き出るのを見て初めて怖くなり、ゾクゾクと寒気が走った。一瞬何がどうなっているのかわからなくなり、とっさに腕を引いていた。二の腕に喰い込んでいた棘は鋭利《えいり》な刃物になって、傷口をより深くえぐっていた。ズキンズキンと痛みが走り、血がダラダラと流れ出していた。二の腕の傷は今でも残っている。

意気地がないくせに我欲《がよく》が強く、欲求が満たされないとなると、後先《あとさき》を考えずに突っ走ってしまうのが私という子だった。おまけに利《き》かん坊《ぼう》ときているので、母には年がら年中たんこぶをもらい、ビィービィー泣きじゃくっていた。抑《おさ》えようにも抑えきれない衝動性《しょうどうせい》を持ち、自分で自分を持て余し、何をしでかすかわからない自分を自分で恐れていた。

「母さんはどうしていつも怒ってばかりいるんだろう。どうしていつもボクだけ怒られるんだろう。ボクは母さんに嫌われているんだ」といつも思い、ひとりぼっちの淋しさの中で震え続けていた事実を、今静かに思い起こしている。

母はアル中の亭主を抱えた「ゆとり」のない生活の中でも、「この子が大人になっても、人に迷惑を掛けずに生きていけるように」と願いつつ、厳しい態度で私に臨み、「悪いことは悪いことなのだ、とわかってくれる子になってほしい」と、懸命に私を育ててくれたに違いない。が、私という「我の強い子」は、何遍《なんべん》同じことを言われても、母の言うとおりにすることができない。「なぜボクは母さんの言うとおりにできないんだろう」と苦しみ、母の言うことを聞けない自分に悩み、母を怒らせてばかりいる自分を嫌うようになってゆく。母の望む素直さは、私の心の中には生まれつきなかったのだ。素直さを持って生まれてきた子は育てやすい。それゆえ、母は素直に言うことを聞く子を好み、私のような腕白小僧は母自身も持て余し、たんこぶをくれてやる以外に育て方がわからなかったに違いない。母と「相性の悪い子」として生まれたのは私の宿命だ。母の温もりが得られなかった私の淋しさが、底なし沼となってゆく所以《ゆえん》はここにもある。

生まれつき我が強く、自分の思いどおりにならないと、何もかも嫌になって自分を嫌いになってしまうのが私という子に違いはないが、子は母の温もりの中で育つもの、自分で自分を嫌う淋しさから逃れようと、「母の言うことを聞ける私」に必死《ひっし》でしがみついた。ごく稀《まれ》に言うことが聞けてキチンとできたりすると、得意《とくい》げに小躍《こおど》りし、ほめてもらいたくって母の帰宅が待ち遠しかった。素直なときの私は私自身が好きだったが、そんなときに限って母の帰宅は遅い。半ベソをかきながら期待を外された淋しさとともに冷たい布団に潜り込む。翌朝もまた母はいない。ほめられもしない子の淋しさは、悔し涙となってますます私の我を強くし、母が家にいるときでさえ「この間ほめてもくれなかったくせに」と意地を張って話もしなくなる。我を強く張って母と話もできない私を私は嫌っていた。私が私を嫌う淋しさの大本は、持って生まれた私の我の強さだ。

素直な子に育ってほしいと思うのは母の当然の願いだった。拳骨《げんこつ》も子を思う親心だったのだが、私は母が亡くなった後もそうとは気づいていない。無鉄砲《むてっぽう》な単《たん》なる悪餓鬼《わるがき》が私だったのだとも気づかず、断酒会の中で五年もの長きにわたって悶々《もんもん》としていた。素直に育ってほしいと願う母の親心は、素直に言うことの聞けない我の強い子にとっては、重い手枷足枷《てかせあしかせ》となっていたのだ、と今は思い知らされている。

「できないものはどうやってやればいいんだヨー」と、私は母に反抗し、あらん限りの自儘《じまま》を母にぶつけ、「オレが辛《つら》くて苦しいのは母親の育て方が悪かったからだ。アル中の親父のせいだ。環境が悪すぎたからだ」と、人のせいにし、自らの力で自らと正対《せいたい》するのを避けていた。人として生まれた私は、人以前の人、人との関係も学ばず、社会も学ばず、人の迷惑など考えもしないわがままで未成熟《みせいじゅく》な「子」だったのだ。

私は母の言うことはなんでも聞けるイイ子になりたかった。「我の強さ」は、私が持って生まれてきた気質《きしつ》だとは今まで知らずに生きてきている。周囲の人々とは違う私を私が感じても、それがなんなのか、具体的に認識できずにひとりぼっちになり、ひとりの世界で悩み苦しみ、訳がわからないまま私が私を嫌う淋しさの中で酒を飲み続けてきている。「普通の子に育ってほしい」と思う母の願いは、私には重いもの以外の何物でもなかった。イイ子にならなければ、母さんが「可哀そう」だからイイ子でいようと、私は私に無理強《むりじ》いをし、がんばり続ける子になっている。ハチャメチャな私が私本来の姿なのだと認識できて初めて、私は私を知ることができるようになってきている。

母は私に何も望んではいなかった。単に人に迷惑を掛けない子に育ってほしいと願っていたにすぎない。今、私は四十五年間もの長きにわたった突っ張りから解放されてホッとしているところだ。厳寒の地、北見の灌漑用水路の土手の上のグスベリの木は、今年も秋になると、熟れた実を悪餓鬼どもに啄《ついば》まれるような気がして、妙《みょう》にくすぐったい気分になる。

二十九　死をちらつかせ生きる快感

アル中の父親を持ち、赤貧《せきひん》に喘《あえ》ぐ家庭で育った「可哀そうな私」を、私が憐れむきわめつけの病《やまい》が、自らの手で自らを死に向かわせたいと願う「自殺行《じさつこう》」となる。死にゆく私を人は憐れんでくれ、その憐れみの中で死んでゆく私に、私は憧《あこが》れさえ抱いてきている。心の中で死は徹底的に美化《びか》され、どう死にゆくかが、私の命題《めいだい》にさえなっていた。幼少年期に感じ取っていた「こんなに辛いんだったら死んだほうが楽だ」という思いは、思春期に芥川龍之介の死を知るに及んでからは、胸が震えるほどの離れられない「私のモノ」となり、死を他の人にちらつかせて生きていくことに陶酔《とうすい》していった。

当時十五歳だった現在の妻に、私の死を予感させ、その憐れみの中で見守られて生きることは、私にとって快感だったし、私以外の男性の話をさせないための最良の方法ともなっていた。独占欲の強い巧妙《こうみょう》な罠《わな》は、少女の心を私だけのものとするに十分な効果を発揮し、その後の二十数年間の長きにわたる結婚生活でも、妻は子よりも先に私のこと、親よりも先に私のこと、自身の病よりも先に私のことを考える人になっていた。夫というフィルターを通してだけしか物事を考えられない妻に仕立て上げたのは、私の「死《し》への憧憬《しょうけい》」以外の何物でもない。

憐憫《れんびん》の情《じょう》の中で死をちらつかせながら生きていく快美《かいび》な感覚は、実は生命の尊厳《そんげん》に対する「裏切り」であり、生きていく本能に逆行《ぎゃくこう》しているにもかかわらず素知《そし》らぬ体《てい》を決め込むとは、自らの「良心」に対する「裏切り行為」に他ならない。良心とは、生まれたすべての人々がよく生きようと願う心であり、良心を育むモトは、ケガの痛みだ。痛みを感じるから人はその痛みを治《なお》してよくしようとするし、細胞は細胞単位で、懸命にケガを補修《ほしゅう》しようとする。自らの肉体で営まれている自然の摂理《せつり》を知ろうともせず、我を張り続けては妻を傀儡《かいらい》し、死にゆく私をちらつかせて憐憫の情の中でヌクヌクと生きようとしていたのが私だ。アルコール依存症そのものも恥ずかしい病だが、その根底にある「私《わたし》の恥《はじ》」はこれだ。

十四歳の思春期の最中、偶然《ぐうぜん》にも同じクラスの同じ班の隣同士だった現在の妻は、酒乱の嵐が吹き荒れていた過去を振り返ってこう言う。

「主人が酒乱になって暴れていようとも、どんなに殴られようとも、そんな辛さは一時的なもので、翌朝、素面《しらふ》のときに憤懣《ふんまん》を吐き出してしまえば忘れてしまう。一番辛かったのは、信じた人がある日突然、私の目の前から消えてしまうんじゃないか、という恐怖の中で生活しなければならなかったことだ」

母に満たしてもらえなかった甘ったるいセンチメンタリズムは、妻を得ることによって、豊満な乳房に抱かれてヌクヌクと生きていく方法を私に選択させている。乙女《おとめ》チックな母性本能は、私の欲求を満たしてくれるに十分なものだったし、適当な刺激を加えることによって淫靡《いんび》なエキスを流し続ける裸体は、隙間風《すきまかぜ》が吹《ふ》き荒《すさ》ぶ私の心に、あり余るほどの温もりを与えてくれている。肉欲は甘えたがっていた私の心を蕩《とろ》けさし、子供で居続《いつづ》けたがっていた拗《ねじ》くれ者《もの》には、なくてはならない生《い》きる術《すべ》そのものとなってくる。妻が犠牲者となり、私が乙女の心をなぶりものにした加害者となる所以はここにもある。

思春期の「死への憧憬」は、乙女を我がものとする有効な手段として具体化されてゆく。高校一年の秋、休学のまま私は故郷の北見《きたみ》へと向かう。ボーッとした頭の中にあったのは、「死にゆく私」だけだった。真夜中に北見の駅からタクシーを飛ばして、伯父の住む美幌《びほろ》に着いた。片道だけの旅費は使い果たし、東京からの土産物は飴玉二袋《あめだまふたふくろ》だけだった。初雪の早い年で、翌日お昼近くに目を覚ますと、どこもかしこも雪野原となっていた。

遠くの畑では、一家総出のビートの収穫の最中《さなか》だった。私はそんな彼らを横目で見ながら、峠路《とうげじ》を急ぎ、頂上に向かっていた。死は私の間近《まぢか》にあった。心臓は高鳴り、気持ちは高揚《こうよう》し、何の疲労感も覚えない。むしろ、心はうきうきしていたことを明瞭に記憶している。頂上に立った私は、しばらくの間どうやって死のうかと考えながらまわりを見渡していた。と、突然ピーッピーッと鹿の鳴く声が聞こえてきた。私の頭の中は古代に遡《さかのぼ》り、冬景色の山々に抱かれて鹿が鳴く万葉《まんよう》の世界にどっぷりと浸っていた。詩的な情景に心を奪われ、歌人の真似事《まねごと》をしていると、頭の中がスッキリしてきて、「ここじゃ死ねないや」と吐き捨てるように言い、上ってきた道を下り始めていた。「死にゆく私」は消え、「死にたがっている私」だけが残り、祖母の部屋で母宛ての手紙を一通と恋人宛ての手紙を一通書いている。

道化役者がその気になっても、しょせん道化は道化にすぎない。宛名書きを間違えたらしく、恋人への手紙が母の手に渡り、祖母ともども東京に戻ってきたときに恥をかく結末となるオマケまでついていた。母には打ち捨てられた「自殺行」でも、恋人の心には深刻《しんこく》な愛の告白として残ったのか、以後二人の関係はますます濃密《のうみつ》なものへと発展してゆき、十九歳のときに海外留学をほのめかすや、二、三ヵ月もしないうちに駆け落ちとなり、私は労せずして意のままに動く妻を手に入れることができた。

自らの「良心」に反逆《はんぎゃく》して、死をちらつかせてわがままな生き方を正当化していた私にとって、酒は私の良心を麻痺《まひ》させてくれる薬であり、生き方そのものの力となっていた。酒の酔いは無言の暴力となって、ひとりの女性をがんじがらめにしてゆくに十分なものだった。酔いの方向に妻の感心を向けておきさえすれば、歪《ゆが》んだ生き方そのものをも見破《みやぶ》られずに済んでいた。

思春期とは、動物的に生きてきた子が、人として生きゆくために自分と正対する時期とも言える。また、辛く空しい人生の重荷を社会の中で認識してゆく時期とも言える。持って生まれた「弱さ」がゆえに、思春期《ししゅんき》の憂鬱《ゆううつ》から逃げ、動物的な生き方を選択したのが私というアル中だ。

三十　母への恐ろしさ

十九歳で駆け落ちし、二十歳になるのを待って、私は風見家の婿養子になっている。養父から「養子縁組をしたいのですが」との申し出を受けても、狼狽《うろた》えているだけで、何をどう返答していいのか、さっぱりサの字の二十歳だった。煮えきらない私の態度を見るに見かねて、母は「豊！　そうさせてもらいなさい」と、キッパリ言う。養子縁組がどういうものかなどとはどうでもいいこと、私にとっては、母の決定がすべてであり、母が「そうしなさい」ということは、どんなに辛いことでもやり遂げなければならないもの、四の五《しご》の言う余地はなかった。

自分の意志で婿養子を承諾《しょうだく》したつもりはなかった。ただ単に母の命令に従っただけなのに、日を追うごとに「俺はもう母さんの息子じゃないんだ。風見なんだ」という思いが募り、心の中には、母に見捨てられた淋しさだけが残り、母のいない世間で、どうやって生きていったらいいのかわからない不安が渦巻いていた。

「母さんはオレが嫌いなんだ。そばにいてほしくないから養子に出したんだ」と、母に憎しみを抱くようになり、私を養子に望んだ風見家の義父母にすら穏《おだ》やかならざる思いを抱くようになっていた。養子の運命を受け入れることもできず、いつまでも母を恋しがる稚拙《ちせつ》な心は、自らの意に沿わない周囲の環境のすべてを憎む心を育み、ジメッぽい酒を二十年間飲ませるモトになっていたのは事実だ。

母と同居していた兄たちが次々に自殺するに及んで、母に見捨てられた淋しさは憎しみとあいまって、母への恐ろしさに変わっていった。二十三歳で三歳年上の長兄が、二十九歳で年子の次兄が首吊り自殺をしている。「養子に出されたんだ」との被害妄想の中にいた私は、兄たちの訃報《ふほう》に接するたびに、「母さんは兄貴たちに何をしたんだ」と、まず母を疑い、言葉にならない怒りとともに身を震わせていた。葬儀に参列しても、母に近づくことができず、深い悲しみに沈んでいる母に慰めの言葉すらかけてやることができなかった。「母と同居すれば必ず死ぬ」との思いは、「俺には妻子があるんだ。やることをやってからでないと死ねない。今は駄目だ」との「今は死ねない」理由づけとなり、私をして母から遠ざけるに至っている。

次兄亡き後、弟夫婦が母と同居することになったが、嫁姑《よめしゅうとめ》の折合《おりあ》いが悪く、私は弟を説得し、母を東京に呼んでいる。「母と同居していると今度は弟が自殺してしまう」と思い込んでいた私は、嫁姑の確執《かくしつ》を絶好《ぜっこう》のチャンスと考え、母を弟から引き離す手段として最大限に利用させてもらっている。

さほどひどい遺恨《いこん》は残さず、母は弟に送られて東京に引っ越してくることになったが、いざ東京に住居を構えてもらう段になって困惑《こんわく》したのは私のほうだった。私は、私の住んでいる近くには住まわせず、姉のそばに、陽当たりのいい部屋を探して住んでもらっている。姉は強い人、まして女同士、何かと近場のほうが互いに便利だろうからと、勝手に決め込み、半ば強引に事を運んでいる。生前の母は「アパートのひとり住まいが、一番幸せだったよ」と、亡くなる数ヵ月前に私の妻に言い残していたという。互いにいがみ合うことのない適当な距離を保っていれば、人はそれなりに生活してゆけるものだ、との私の思惑が的《まと》を得ていたのは事実だが、私の心の奥底を揺るがしていたものはまったく違う。

母と同居することによって弟が自殺するのを恐れていたのでもなく、姉なら大丈夫だと確信していたわけでもない。私が恐れていたのは、私が母と同居することによって、私が重荷を背負い込み、嫁姑のトラブルに巻き込まれて、私が自殺してしまうことだった。私の「生」への執着《しゅうちゃく》は、母の存在をも拒否していたのだ。口にこそ出さなかったが、私は名字《みょうじ》の違いを盾《たて》に取りつつ、「豊は風見さんにやった子だから、豊の世話にはなれない」との母の言葉に内心胸を撫《な》で下ろしていた。「豊と一緒に暮らしたい」と、母が言い出さないことを願っていたのが、私という息子の実態だ。

母が病に倒れたときも、私はいやいや看護をしている。外見上は孝行息子を装《よそお》いながらも、内心では母を恐れていた。純粋に母の身を案ずることのできない己を譴責《けんせき》しつつも、入院、退院、自宅療養を繰り返す母を、時として疎《うと》ましくさえ思っている。私という息子は、自分の身の安全のみしか考えることのできなかった人、どう言い訳しようともこの事実から逃れることはできない。

四年後、母は病院で静かに六十七歳の生涯を終えた。漬け物石のように私を押さえ続けていた母の存在がなくなるや、私はまったく自由になり、すべての束縛から解放された者のみが知るであろう「身軽な私」に酔っていた。酒を飲んで暴れるのも自由、酔って暴れる私を恐れる家族の暗澹《あんたん》たる表情すら、私にとっては快感だった。すべての者が私の意のままになることを要求、反する者には暴力的行為すら厭《いと》わなかった。

誤った自由に酔いしれた餓鬼は、当然の報いとして、母の死後九ヵ月目にして、精神病院に入院することになる。わがままな息子がゆえに、女手一つの力も尽き、風見家の男親《おとこおや》の力を借りてでも、一人前の大人にしようとした母の親心は、私がゆえに見捨てられた淋しさのみに囚《とら》われ続ける結果となり、大人への道とは程遠い酒乱地獄を招くに至っている。私の「我の強さ」は、頭の中に描いたシナリオに私が翻弄《ほんろう》されるほど強いものであり、自己の欲求以外のものはすべて「悪」ならしめてゆく偏屈《へんくつ》さのモトにもなっていたのだ。

養子は私の宿命、「風見」として生きていくのが私の生きる道、風見は私の風見であり、私の救いも風見にあると今は知るようになっている。

三十一　アルコール依存症の元凶《げんきょう》

食べ盛りの五人の子供を抱えた母は、朝早くから工事現場で働き、夕方帰ったかと思うと、身繕《みづくろ》いをして、今度は、一杯飲み屋に働きに行く。夫は度重なる無銭飲食で懲役刑を受け、網走刑務所で服役中、稼ぎ手を失った母の子育ては「ゆとり」のユの字もない緊張と不安の連続だったに違いない。五人の子供たちは、このころの母の「緊張と不安」を「母のモノ」として受け継ぎ、姉は慢性的な頭痛持ち、二人の兄は自殺、私はアル中、弟は現役の飲み助と、それぞれの人生の重荷を背負って、生き死にを分けてきている。

私が四歳というと、母は三十四歳、お腹を空かせて家で待っている子供たちのために働き詰めだった時期で、心身ともに疲れ果てていたのだろう、二週間近く家を空け、行方《ゆくえ》知れずになっている。最初の夜、私と二歳の弟は淋しさの余りに泣きじゃくり、「泣くんじゃない！」と、九歳の姉に怒られている。今は亡き二人の兄は七歳と五歳、部屋の片隅に屈《かが》み込み、不安に怯えた眼差《まなざ》しで私たちを見つめていた。このときの兄たちの「弱い目」を思い出すと、今でも心が痛む。三日後に米櫃《こめびつ》は空になり、お腹を満たすものは何もなくなった。

あれほど、おっかなげに怒って弟たちの面倒を見ていた姉が、台所の隅にヘナヘナと座り込んで啜《すす》り泣いている。この夜は誰も泣かなかった。お腹の空いたひもじさと、母のいない不安と淋しさに耐えながら、一つ蒲団に五人がくるまって寝た記憶は、忘れようにも忘れられない辛い思い出として心に残っている。

翌朝、私が目覚めたときには、姉も長兄も家にはいなかった。取り残された下の三人は、不安のあまり外には一歩も出ることができず、家の中でゴロゴロしているだけで、ときおり聞こえる外の物音にすら怯えていた。それでも昼間のうちは空きっ腹を抱えながらも何とかやり過ごせたが、夕方近くになると、どうにも我慢がならなくなり「お腹が空いたヨー！」と、弟が泣き始めた。それにつられて次兄と私もベソをかき始め、シャクリ上げながらも、何か食べ物はないかと鍋釜《なべかま》を引っくり返してみたが、米粒一つない。

夕闇《ゆうやみ》の迫《せま》るころ、姉と長兄が手に荷物を持って帰ってきた。姉の顔を見るや、大声を上げて泣き始めたのは弟だ。次兄は声こそ出さなかったものの、目に涙を一杯浮かべてシャクっている。私は、置いてきぼりにされた不安と悔しさのあまり、体中が火照《ほて》るほどの怒りを覚えて、姉と長兄を睨《にら》み続けていた。が、空きっ腹を抱えた状態では、ふてくされも長くは続かない。食事の支度に忙しい姉の傍《そば》に、恐る恐る近づいていっては、黙って芋の皮剥《かわむ》きを手伝っていた。

泣くのもいい。シャクりあげるのもいい。怒るのもいい。背腹がくっつきそうな空腹感の中での不安であっただけに、幼子《おさなご》らにとっては、これほど辛く物悲しいものはなかったのだ。姉がつくってくれたこの夜の食事は、味噌汁と麦混ぜご飯だけだったが、お腹いっぱい食べることができた。

母はどこへ行っていたのか。後年姉が語ってくれたところによると、母は、一杯飲み屋で知り合った男性と巣籠《すご》もりしていたとのこと、長兄と二人で雪の中を訪ね歩いて探し出し、帰ってくるように頼んだものの、いくばくかのお金を手渡されて追い返されてしまったという。悲しいかな、母の身代わりとなって弟たちの世話をしてきた姉の母親批判は、今でも痛烈《つうれつ》だ。風邪の菌が脊髄《せきずい》を侵《おか》し、全身不随で寝たきりになった母にも、舌鋒《ぜっぽう》鋭く、遠慮容赦《えんりょようしゃ》のない言葉を浴《あ》びせていた。姉の過去の苦痛を思うとき、互いに傷つけ合う母娘《ははこ》の会話も、やむをえないことだったのだと、今は納得することができている。

二週間後に、母は戻ってきた。心の中では大喜びしているものの、空白期間が長過ぎたのか、最初は馴染《なじ》めず、五人が五人とも母を遠巻《とおま》きにして突っ立っているだけだった。母は手荷物から落花生を二袋《ふたふくろ》出して、「食べなさい」と言うと、そそくさと立ち上がって台所に行き、夕食の支度《したく》を始めた。姉が袋を開けて一握《ひとにぎ》りずつ分けてくれる。今すぐ食べたいのはやまやまなのだが、母の挙動《きょどう》が気になって、誰も食べようとしない。やがて、トントンと、いつものまな板の音が聞こえてくると、今までの緊張とはうって変わって、蕩《とろ》けるような安堵感《あんどかん》に包まれ、一人、二人と殻《から》を割り、食べ始めていた。

いつもの忙しい生活のリズムが戻ってきたのは、二、三日後のこと、朝昼晩と働く母の姿も、以前と変わりはなかった。目に見える日常に変化はない。が四歳児の私の心の中に芽生えた母への不信感は、黒い塊《かたまり》となって心に巣くうことになる。「いつか母さんはいなくなってしまうんだ。またボクは母さんに捨てられてしまうんだ」との思いは、私の生命を危険にさらす存在が母であるという、怖い存在としての母の位置を決定づけていた。この傷は、実にしぶとく心に根を下ろし、私が精神科の女医さんに出会う四十歳まで、依存症の元凶《げんきょう》として息づくことになる。

母は夕方になると、一杯飲み屋に働きに行くために化粧をする。今までなら、当然のこととしてやり過ごせていたのに、二週間の「母の家出」を契機《けいき》に、化粧をしている母の姿そのものに、ザワザワとした胸騒《むなさわ》ぎを覚えるようになり、その間中、母にまとわりついて離れようとしなくなっている。私は他の兄弟たちよりも感受性が強く、不安を感じる能力に優れていたのかもしれない。

「豊、母さん出掛けてくるからね。あっちへ行って遊んでいなさい」と言われると、ションボリと部屋の隅に行き、膝小僧《ひざこぞう》を抱《かか》えながら、母を見送る子に変わっていた。

母が出掛けた後に、食事を済ませ、寝る用意をして、すぐ横になる。布団の上で眠りにつくまでふざけ合うのもいつものことだった。ストーブの火は消され、真冬の冷気が部屋に忍《しの》び込《こ》むころになると、一人、二人と寝息が聞こえてくる。私はこの夜、なかなか寝つけず他の兄弟が寝入った後も、ひとりゴロゴロと寝返りをうっていた。「母さん、帰ってくるかなア」と考え始めると、不安で頭がいっぱいになり息苦しくなってくる。寝ようとすればするほど、目が冴《さ》え、心臓の高鳴《たかな》りも激しくなってくる。手足も温《あたた》かくならず、鼻っ柱《はなばしら》は氷のように冷たい。「寒いんだ。母さんも寒いんだ。そうだ！　部屋をあっためておいてやろう」と思うと、矢《や》も盾《たて》もたまらず起き出してストーブに火を点《つ》けていた。

ブリキストーブの中で、薪《まき》がゴオンゴオン燃え盛る。冷え切った部屋が暖《あたた》かくなり始めると、気持ちが落ち着いてきて、瞼《まぶた》がトロンとしてくる。

堅雪《かたゆき》を踏みしめる母の下駄《げた》の音が遠くの方でキュッキュッと鳴っている。

「母さんだ。母さんが帰ってきてくれたんだ」

音は家に近づくにつれ、段々大きくなってくる。一瞬《いっしゅん》にして不安と緊張から解《と》き放《はな》たれ、安堵感《あんどかん》が体中を駆け巡る。「もう大丈夫だ」と思うと、安心しきってしまい、ストーブの傍《そば》でゴロンと横になると、そのまま眠ってしまっていた。

翌朝、寝起きとともにお座りをさせられ、母にキツく叱られたのは言うまでもない。夜中に起き出してストーブに火を点けたことだけを叱る母に、幼いながらもモヤモヤした気持ちを抱いたのは確かなこと。「よい子でいるから、母さん、もうどこにも行かないで。もう悪いことはしないから」とは言えず、半ベソをかいているだけだった。母がいなくなってしまうんじゃないか、との不安に押し潰されそうになりながら、母が喜びそうなことをしただけなのに、私の母は、子の気持ちを何一《なにひと》つ理解してくれなかった。

夫がいなかったがために、母の子育ては苛烈《かれつ》を極めたに違いないが、同時に、母の意のままに子育てすることができたのも事実だ。父なし子《てて ご》は、母の言うがままに動かざるをえないのが実情で、この意味では子は母に隷属《れいぞく》する生き物でしかない。母は「絶対者」であり、「安心」の対象ではなかったということになる。

孫姫様《まごひめさま》といわれた母の価値観は「女の武士道」でもあった。すべてが潔癖《けっぺき》であり、完全でなければならなかった。困難な事に遭遇《そうぐう》しても動揺することなく、つねに人生を冷徹《れいてつ》に見定める人、自分の子は、つねに「正義」であり、「不良」であってはならない。父がどんなに暴言を吐いてもじっと耐えられる人だったし、子供の前では決して涙を見せる人でもなかった。亭主の暴力にも毅然とした態度で子供を守り続け、ぶたれてもぶたれても「弱さ」を見せる人ではなかった。私の心の中の「偉大な母」は子の「絶対者」となり、子は女性特有の弱さも柔らかさも優しさも知らずに育つがゆえに、ジメった女性を嫌がる人となる。「強い女性」以外は女性でなくなる所以《ゆえん》がここにある。私は女性の現実の姿を知るのに精神科の女医さんの手助けを受けて、五年の歳月を要したことになる。

母はアル中者の妻がゆえに、世間から隔絶《かくぜつ》され、狭い世間の中でしか子を育てられない宿命を負わされていた。「女の武士道」は、この「狭い世間」での規範となり、子は母がつくり出した「無菌室」で育ち、いつまでたっても世間ズレしないモヤシっ子になっていく。世間に揉《も》まれなければならない年代になっても人を嫌がり、人とつき合うこともできずにいつもひとりぼっちでいる。

無菌室に免疫《めんえき》はない。人に対して免疫を持っていないとは、ゴタゴタの中で生きていくことに慣れていないということ。慣れていないとは、人間関係のゴタゴタの中では、生きていくのが「怖い」ということになる。生きていくのが怖かったがゆえに、結婚のゴタゴタの最中に兄らは自殺し、私はアルコールの酔いの力を借りている。

母も子も無知だった。無知は人の罪ではない。知る機会に知ればいい。自らに負わされた宿命を受け入れることができて初めて、人は人として立ちゆくことができる。私という人は、母の「女の武士道」の下、母の「無菌室」で育てられてきたアルコール依存症者だ。

「本書に寄せて」

NPO法人京王断酒会　服部信男

本書は十四年前に初版本が出版されました。今回新たに電子出版することになり、著者・風見豊氏から、本書の感想と私の体験談を書くように依頼されました。風見氏は今私が所属するNPO法人京王断酒会の理事長です。京王断酒会ではお互いを名字ではなく下の名前で呼び合う習慣なので、ここからは「豊さん」と表記します。

本書が出版された時点で、豊さんは断酒歴三十年の大ベテラン。私はといえば、まだ二年程度の断酒初心者。そんな私が感想を書くなどおこがましい上、少し重荷にも感じましたが、これもアルコール依存症治療の一環と考え引き受けました。

さて本書をお読みになったのはどんな人たちでしょうか。飲酒の問題を抱えている人、酒をやめたいと思っている人、大事な人の飲酒問題に悩んでいる人、あるいは親や子供の飲酒問題に巻き込まれて、辛い思いをしている家族の方々でしょうか。アルコール依存性は昔から「アル中」と呼ばれてきました。最近、医学界でアルコール使用障害という用語も使われ始めましたが、ここでは最も一般的な「アルコール依存性」という言葉で話を進めます。

アルコール依存症とは生活習慣や人間関係が悪化しているのに、飲酒のコントロールができなくなってしまった状態を指します。現代医学では完治《かんち》することはないが、回復《かいふく》できる病気とされています。私たちアルコール依存症者は皆この病気になるに至った何かしらの原因を抱えています。私たちは何故酒に頼らなければ生きて行けなくなってしまったのでしょうか。なぜ健康上の問題だけでなく、家庭や社会生活にも影響が出ているのを知りながら、酒をやめられなかったのでしょうか。

回復のためには断酒継続が必要です。しかし私はアルコール依存症になった、その真因《しんいん》を考察することこそがアルコール依存症からの回復に最も重要な役割を果たすのではないかと考えています。

本書は豊さんが信頼する精神科医との五年間にわたる「地獄のカウンセリング」のなかで導き出した自己分析の記録です。

「かなり酷《ひど》く育った」「よく生きてこられたね」と分析療法を行った主治医に言わしめるほどの壮絶《そうぜつ》な生育歴。アル中で刑務所通いの父の存在、貧困。母が連れ込んだ男からの虐待。欲《ほ》しくても貰《もら》えなかった母の愛情。夢の中で生きたかった程の辛い過去と素面《しらふ》で向き合った豊さんの苦悩が綴《つづ》られています。本書には「淋しさ」という言葉が何百回も登場します。人一倍「淋しさ」を感じながら豊さんは生きてきたことが良くわかります。

読み始めたときは、ドラマや小説の中で見るような悲惨な光景や出来事に愕然《がくぜん》とさせられました。「豊さんは特別な人なのでないか」と思いました。しかし読み進めていくと追体験《ついたいけん》していくことになります。私には豊さんのような壮絶な生育歴はありませんが、両親からの愛情を受けて育ってこなかったという点では同じだと感じたのです。

私は八年前にアルコール依存症とうつ状態と診断され、アルコール専門病院に十週間入院しました。しかしそれから酒が完全に止まるまで七年という年月を要しました。心に溜まった澱《おり》のようなものが、私の断酒を困難にさせていたのでないかと改めて感じています。

私はギャンブル依存症とアルコール依存症のクロスアディクション（多重嗜癖《たじゅうしへき》）を抱《かか》えています。大学時代に友人に誘《さそ》われて初めてパチンコに触れ、たまたま勝って現金を手にしたことからギャンブルに嵌《はま》っていきます。こうして病的賭博《びょうてきとばく》といわれるギャンブル依存症を発症《はっしょう》し、そこからか立ち直るのに約三十年という長い歳月を費やすことになります。ギャンブルが第一優先となり家族を苦しめ、身近な人たちに迷惑をかけてきました。四六時中《しろくじちゅう》ギャンブルのことが頭を離れませんでした。多額の借金を親に肩代わりしてもらっても、しばらくするとまた同じことを繰り返してしまうのです。何で自分はこんな風になってしまったのだろう。生きる価値などないのでないかと自暴自棄《じぼうじき》になることもありました。

その上、アルコール依存症まで発症してしまいます。私は元々お酒が弱く、本格的にお飲み出したのは三十五歳からとかなりの遅咲《おそざ》きです。下戸《げこ》なのに鍛《きた》えてアルコール依存症になってしまったタイプです。そして十年程の間、ギャンブル依存症とアルコール依存症というクロスアディクションに苦しむことになりました。

八年前のアルコール依存症の入院治療を受けても断酒が続かず、今回が三度目の断酒生活になっています。今は断酒と同時にギャンブルも完全に止まっています。私は自分がギャンブル依存症であることを認めていましたが、アルコール依存症については否認し続けてきたように思います。本書を読んでアルコールに限らず、依存症という病気は自分自身の生育歴と深く関係しているのではないかと考えるようになりました。本当は薄々《うすうす》気づいていたのに、怖くて向き合おうとしてこなかったのかもしれません。

アルコール依存症やギャンブル依存症を発症してしまう人の多くは否定的な自己像を持ったり、極端な人間関係に陥ってしまう傾向があるようです。いわゆるアダルトチルドレン（ＡＣ）です。アルコール依存症の親を持つ家庭で育ってしまった成人や親による虐待や家庭の不仲など機能不全家庭《きのうふぜんかてい》で育ち、生きづらさを抱えてしまっている成人を指す言葉です。

著者の豊さんもまたＡＣであることが良くわかります。私たちアルコール依存症者の多くは程度の差はあれ、心のどこかに「淋しさ」を感じています。また、満たされない思いを抱えながら生きているように思います。豊さんは「淋しさの原初体験は母との関係にあるのかもしれない」と語っています。大好きな母に甘えたくても叶わず、次第に淋しさが憎しみへと変貌《へんぼう》し、最終的には母の存在に恐ろしさすら感じようになっていきます。

アルコール依存症の父を持ち、貧困と虐待のなかで必死に生きてきた豊さんが求めても受けることのできなかった母の愛情。鬱積《うっせき》した感情や苦痛から解放されるために豊さんは酒を必要としました。そして酒を飲み続けることで「死んではいけない」という「生命の叫び」に耳を傾けることができたのです。

私の祖父は酒乱でした。父も酒好きで六十六歳でこの世を去りました。最近私もＡＣの一人なのだと感じています。父は亡くなる前の数年前は仕事もせず昼間から焼酎《しょうちゅう》をあおっては時々《ときどき》暴言を吐いていました。物心《ものごころ》ついた頃から父とはまともな会話を交わした記憶がなく、家族で出かけたのは日帰りの海水浴が一度《いちど》だけ。父との思い出は殆《ほとん》どありません。思春期の頃の家庭内は祖父と父が取っ組み合いの喧嘩をし、母がそれに巻き込まれるということが頻繁《ひんぱん》に起こっていました。とても安心して過ごせる家庭ではなかったのです。いつも二《ふた》つ上《うえ》の兄と一緒に過ごしていたことを思い出します。豊さんと同じように「存在感のない父親から、男性としての生き方を何一つ教わることができず、強そうに見える母親に甘えて生きていこうとしていた」ように思います。しかし、そんな母に対しても次第に反発するようになり、母の存在すら疎《うと》ましくなっていきました。

「私の病気は、自慢できる父親もなく母親もなかった家庭に育ったがゆえの宿命的なものと言えなくもない」という豊さんの自己分析が私自身とシンクロしていきます。

「両親を否定せざるを得なくなったこの心根《こころね》は極めて不安定なものとなり、『私の存在』そのものを危うくし、私が作った別のイメージの世界の私となって生きることになる」

父親の存在を否定し、自分の価値観を押しつける母に反発し、「自分はこの家に生まれるべき人間ではなかった」と理想の父親や母親像を探し求めながら、異次元の世界で生きていこうと強がってきた私。その末に待ち受けていたのがギャンブル依存症であり、酷《ひど》いアル中人生だったのです。

アルコールの酔いとギャンブルでの勝利は私に幸福感をプレゼントしてくれました。さらに高揚感《こうようかん》や万能感《ばんのうかん》も与えてくれたのです。そして全てが自分の思い通りになるという錯覚《さっかく》を呼び起こしました。「やはり自分は違う。あんな家に生まれてくるような人間ではなかったのだ」という解放感に似たもの味わうようになりました。こうして幻想と根拠のない万能感を追い続け、自《みずか》ら破滅《はめつ》の道《みち》に足を踏み入れてしまったのです。精神的にも身体的にも破綻《はたん》をきたしているのに、そこから抜け出せない。いや抜け出すくらいなら、いっそこのままで死んでしまいたい。そんな破滅的人生を自ら選んだのです。まさに豊さんが語るように「死と隣り合わせの人生」、「死をちらつかせながせてわがままな生き方を正当化していた」私だったのです。死への憧憬《しょうけい》が逆《ぎゃく》に生きづらさから解放してくれるように感じました。そして、その潤滑油《じゅんかつゆ》になったのが私にとって酒とギャンブルだったのです。私の淋しさや満たされない思いを埋めてくれるものに他ならなかったのです。私はサイレントドランカー（引きこもりの静かなアル中）でした。酒乱と真逆《まぎゃく》のタイプです。飲酒がキッカケで急にスイッチが入り暴言や暴力を振るう豊さんの行動は私の祖父そのものです。

酒乱だった祖父、酒に逃げていた父、そしてアルコール依存症となってしまった私。三代に渡り、そこまでして酒を飲み続けた理由。それを解き明かしていくことがアルコール依存症からの回復であることを本書は示唆しているように思います。

さて、皆さんはどうお感じになったでしょうか。

（三度目の断酒）

前述したように私は八年前にアルコール依存症とうつ状態という診断を受けました。そして眼下《がんか》に広大な海が広がる神奈川県内のアルコール専門病院に十か月間入院し、リハビリ治療を受けました。当時の私は自分が軽いアルコール依存症だと思っていました。もちろんアルコール依存症に重い軽いはありません。当時はまだアルコール依存症の本当の怖さを知らなかったのです。リハビリプログラムの外泊訓練《がいはくくんれん》で自宅に帰り、飲んで戻ってきてしまうと通称ガッチャン部屋（隔離室《かくりしつ》）に入れられます。そんな仲間を何人も見ました。外泊訓練の度《たび》に飲酒を繰り返し、強制退院《きょうせいたいいん》させられる仲間もいました。その度に「あいつらは何のためにここに来たのか」と憤《いきどお》りを感じました。驚くべきは退院したはずなのに、たった二週間で戻ってきてしまう仲間もいたのです。アルコール専門病院では二回以上の入院経験がある人は珍しくありません。私が入院していたときには七回目の入院という強者《きょうしゃ》がいました。「俺はこの連中とは違う。何てところに来てしまったのだろう」と後悔《こうかい》することもありました。

完全断酒ができると高《たか》を括《くく》って退院した私でしたが、わずか三か月でスリップ（再飲酒）してしまいました。退院後は約二年間妻と別居し叔父の家に身を寄せましたが、私に投げつけられる妻の辛辣《しんらつ》な言葉に耐え兼ね、スリップしてしまったのです。スリップする度に断酒を試みますが、なかなか継続ができませんでした。

それから二年後、自宅に戻り、再び家族との生活を始めますが、相変わらず妻との折り合いは悪く、今度はスリップどころか四六時中《しろくじちゅう》飲むようになっていきました。アルコール専門病院に入院する前には体験したことのなかった連続飲酒が始まったのです。アルコール依存症は確実に中期の段階へと進行していきました。会社には体調不良で休むという連絡を入れて、出勤したふりをして近所のコンビニエンスストアに直行し、酒とつまみを大量に買い込み、夜まで色々な場所で飲んだくれる生活がしばらく続きました。

酒とつまみを持って近くの公園をハシゴします。公園にいられなくなると、今度は川べりや息子が通っていた小学校の裏庭の小川のベンチに横たわり、ひたすら飲み続け、夜八時ごろになって帰宅する。今思い返すと社会から完全にドロップアウトしたアル中そのものの姿です。そのうち「生きていたくない」「消えてなくなりたい」という強烈な自殺願望に襲われるようになっていきました。しかし死ぬ勇気はありませんでした。将来への不安と今生きている辛さから逃れるために酒に逃げる。「このまま飲み続け、病気になって死ねないだろうか」、そんな思いが、どんどんアルコールを体《からだ》に注《そそ》いでいきます。うつも再発していました。それを和《やわ》らげるために酒を飲み、体からアルコールが抜けると更にうつが酷くなる。落ちた気分を高めるために、また酒を飲むという負のスパイラルに陥《おちい》っていたのです。

「このままではダメだ」と思い、もう一度自分を奮《ふる》い立《た》たせ、東京都内のアルコール専門のクリニックに通院することにしました。断酒の三本柱は「通院」「抗酒剤」「自助グループ」とされますが、私は自助グループを避けてきました。

「そんなところに行かなくても自分でやめられる」と思っていたからです。しかし今度はとても自分一人でやめられる自信がなかったので、自助グループにも頼ろうと考えたのです。

ＡＡ（アルコホーリクス・アノニマス）という自助グループには数回行ったことがありましたが、肌に合わなかったので、断酒会を選びました。それが今私の所属する東京断酒新生会、京王断酒会です。そこで出会ったのが本書の著者である風見豊さんです。眼光《がんこう》が鋭《するど》く威圧感《いあつかん》のある人という印象を受けました。あまり得意なタイプでなかったことは間違いありません。しかし何とか繋《つな》がった断酒会でしたが、わずか三か月で退会してしまいます。しばらくやめられていると根拠《こんきょ》のない自信が出てきます。「やはり自分はいつでもやめられるのではないか」「もしかしたら自分だけは節酒《せっしゅ》ができるのではないか」、喉元《のどもと》過《す》ぎれば熱《あつ》さを忘《わす》れるとはこのことです。結局通院もやめてしまいました。案《あん》の定《じょう》、飲酒が始まります。スリップ（再飲酒）でなく今度は完全なリラプス（依存症の再発）です。

この頃はまだ仕事は順調でした。既にアルコール依存症の中期であるにも関わらず、適正飲酒者のように振る舞い、毎日酒席を囲みます。しかし、予想通り事態は悪化の一途《いっと》をたどります。次第に仕事と家庭でのストレスが溜まり始め、酒だけでなくギャンブルにも拍車が掛かります。ストレス、不安、不眠、それを酒で解消する。酒の酔いは考えたくないことをしばらく忘れさせてくれます。しかし酔《よ》いが醒《さ》めても、何一《なにひと》つ解決されず、ただ先送りされているだけでした。そんな状態でも何とか三年くらいはだましだましの生活ができていましたが、アルコール依存症は中期の段階を超え、ついに後期に突入したのです。もはやアルコールを体に入れないと会社に行くことすらできない状態だったのです。

会社でパソコンのキーボードを操作しようにも手が震えて上手《うま》くいきません。手の震えに加え、イライラ感、集中力の低下といった離脱症状《りだつしょうじょう》に襲《おそ》われます。会社帰りに急ぎ近くのコンビニエンスストアに立ち寄り、ウイスキーのポケットサイズを買い、店を出るや否やキャップを開けラッパ飲み。胸がカッと熱くなり、毛穴が開くような感覚が起き離脱症状も収まります。とにかく常に飲んでいないと何もできなくなっていました。スリップ（再飲酒）を何度か経験しても断酒さえすれば、回復は可能です。しかし私のように断酒を諦《あきら》め、リラプス（依存症の再発）を繰り返すと、もうその先には死が待ち受けています。

ついに年末から部屋に閉じ籠り、酒を飲み続け、正月休みが明けても会社に行けなくなってしまいました。上司の勧めもあって、しばらく休職することにしました。八年前にアルコール専門病院の入院以来、今度が二度目の休職です。休職しても数日間はコンビニエンスストアに酒を買いに行く以外は、ずっと部屋で飲みっぱなしでした。今度は本気で自殺を考えました。いつ実行しようか。どんな方法を選ぼうか。そんな状態の私を妻や子供たちは心配していたようですが、どうすることもできずにただ傍観《ぼうかん》しているしかなかったそうです。私といえば「誰も俺のことなど心配してくれない」という被害妄想《ひがいもうそう》を持つようになりました。

こうして三度目の断酒を決意することになったのです。通院を途中で中断してしまったクリニックに予約を入れると同時に、四年ぶりに京王断酒会にも電話を入れました。診察の当日の深夜が最後の酒となったので、当日の朝はアルコールが体から抜けてしまい、激しい離脱症状に襲われました。手や全身の震え、イライラ感や不安感が募り「飲んで楽になりたい」という衝動《しょうどう》に駆《か》られました。「ここで飲んだら、二度と戻れない」、襲ってくる離脱症状との格闘《かくとう》でした。診察は午後四時からでした。とりあえず離脱症状を抑《おさ》える薬を処方してくれるとのこと。しかし診察時間までまだ六時間。とても自宅でじっとしていられず、緊急避難という意味で京王断酒会が運営する自立支援センター『いばしょ』にお世話になることにしました。四年前突然姿を見せなくなった不良会員にも関わらず、所長の幸子さん（著者の妻）は「久しぶりだね」「良く来たね」「辛かったら、ソファーで横になっていていいよ」と優しい言葉を掛けてくれました。クリニックに行くまでの間、私は本当にソファーに倒れこんでいました。毛布を掛けてもらいましたが、離脱のせいか寒さのせいか全身がガタガタ震えていました。そんな状態でクリニックのある高田馬場《たかだのばば》に向かいました。わずか三十分でしたが途中で飲んで、どこかに消えてしまおうかと何度も考えました。

クリニックでは院長のN先生に専門病院への入院を勧められましたが、私は断りました。八年前に入院した専門病院で入退院を繰り返す患者を見下《みくだ》していた私。結局彼らと何にも変わらない自分を認めたくなかったのです。休職中は『いばしょ』に通うつもりであることを告げると院長は『いばしょ』なら大丈夫でしょう」と快諾《かいだく》してくれました。N先生は私のアルコール依存症を担当した五人目の精神科医でした。ようやく信頼できる主治医に巡《めぐ》り会《あ》えたのです。こうして翌日から復職するまでの約二か月間、『いばしょ』での生活がスタートしたのです。

（『いばしょ』は私の居場所）

自立支援センター『いばしょ』とはNPO法人京王断酒会が運営する施設です。著者の豊さんが断酒会通いをする十年間で、次々と死んでいく仲間を目の当《ま》たり《あ》にし、「アル中の命を救いたい」という思いで十四年前に設立しました。『いばしょ』の成り立ちやそこに通うアル中さんたちの悲喜《ひき》こもごもは、この度、同時に電子書籍化された風見豊著「再生へのエール：アルコール依存症者の自立支援センター『いばしょ』の物語」に集録《しゅうろく》されているので、お読みいただければ幸いです。

『いばしょ』の目的は「アルコール依存症からの回復を目指す人達が、グループミーティング、作業、リクリエーション等を通して、仲間とのふれあいの中で断酒生活を継続し、人間関係の回復を目指し、社会復帰をする」ことです。通所は毎週月曜日から金曜日、午前十時から午後四時半まで。通所料は一日三百円。バランスの取れたランチメニューをスタッフの食事当番と通所しているアル中さんたちが一緒に考えて作ります。そして和気あいあいとした雰囲気の中でテーブルを囲みます。

さて再び私の話に戻します。前述したように八年前の入院前から、夫婦関係は上手くいってなく、入院中一度も妻は見舞いに来ませんでした。退院しても「とても受け入れらない」という理由で二年間別居することになったのです。その後、再び同居をすることになったものの、飲酒は以前にも増して酷くなっていきました。そんな夫婦関係である上、またしても酒が原因での休職。家にはとても居づらい状態でした。そんな理由もあって昼間は『いばしょ』への通所となったのです。しかし復職後の仕事やギャンブルで作った多額の借金、夫婦の問題など、解決しなければならない難題《なんだい》が山積《さんせき》していました。以前なら「飲まずにやっていられるか」と愚痴《ぐち》をこぼしたくなるような中で私の三度目の断酒生活が始まりました。

毎日午前九時過ぎに自宅を出て調布市にある『いばしょ』に向かいます。まずは朝のミーティングから一日が始まります。通所しているアル中さんが色々《いろいろ》なこと話します。それを終えると体操をし、食事の準備か施設内の掃除へ。昼食後は日によって替わるウオーキングや勉強会など。三時のおやつを食べて、帰りのミーティングと終了の体操。これが『いばしょ』の日課です。

夜は『いばしょ』の仲間と都内の断酒会を回ります。東京は毎日どこかで断酒会が開かれています。断酒会は午後六時半から八時半（午後七時から九時の会もある）なので、自宅に帰るのは午後十時前です。あとはお風呂に入って寝るだけです。仕事以上に規則的な生活でした。

『いばしょ』は午後四時半で終わります。家にも帰りたくない上、やることもない私は最初のうちは確固《かくこ》たる意思もなく、漫然《まんぜん》と断酒会を回っていました。世の中からどんどん取り残されていくという諦めにも似た心境でいたことは間違いありません。京王断酒会には藤田亙《わたる》さんという会員がいます。彼は昼間の『いばしょ』にも通所しています。初めて会った時はスタッフかと思いました。穏やかでダンディな出で立《た》ち。まさか同じアル中さんとは思いもよりませんでした。豊さんから「亙さんについて断酒会を回れ」と半ば命令され、気乗りしないまま断酒会を回ることになったのですが、行き帰りの電車のなかで亙さんといろいろな話ができて気が楽になっていきました。亙さんは私より十五歳上ですが、広く言えば私と同じような業界にいた方で、知的でスマートで実に感じの良い人です。二か月間の『いばしょ』生活と断酒会回りが出来たのは亙さんのお陰だと感謝しています。

できるだけ早く復職したいと考えていた私は一か月間を目途《めど》に『いばしょ』と断酒会回りをしましたが、主治医のN先生からは復職にはもう少し時間が必要だと言われ、さらに一か月間、同じ生活を続けることになりました。豊さんは断酒のために「真っすぐな馬鹿なれ」とよく言っていました。禅問答のような感じですが「何も考えず、愚直《ぐちょく》に、ただひたすら酒を飲まないことだけを考えろ」という意味だと理解しました。「飲まないと決めたら飲まない」とはある断酒会員の口癖です。ああだ、こうだと考えていると酒に足元を掬《すく》われてしまいます。先のことを考えると不安になります。「不安の先取り」が断酒生活を不安定してしまうのです。私は自分の身に何が起ころうと一滴の酒も口にしないと決めました。『いばしょ』のメンバーは一番の理解者であり、『いばしょ』はまさに私の〝居場所〟に他なりません。

（断酒会もまた私の居場所）

全日本断酒連盟（全断連）に加盟している東京断酒新生会には二十五の支部があり、京王断酒会もその一つです。二時間の例会や懇談会《こんだんかい》の中でアルコール依存症本人や家族が自らの体験談を語り、参加者はその体験談に耳を傾けます。断酒会員は三十代から八十代と年代も職業も実に様々です。皆に共通するのは断酒をして新しい人生を送りたい。二度とアルコールに支配された生活には戻りたくないという信念です。

アルコール依存症になってしまった人は自分で飲酒のコントロールができません。一杯でも口にしてしまうと元の状態に戻ってしまうのです。何十年も断酒していたのに、結婚式の乾杯で酒を口にしてしまい、そこから再び連続飲酒に陥ったという例はよくあるそうです。断酒会に通い始めた頃は、何十年も断酒している人が、毎日断酒会を回っている姿を見て不思議に感じました。私は禁煙して丸八年が経ちますが、煙草を吸いたいと思ったことは一度もありません。何年も断酒しているのだからもう断酒会に通わなくても大丈夫ではないかと思ったのです。会員のなかには四十数年断酒をしている人もいます。そんな大ベテランでさえ、スリップ（再飲酒）することがないように断酒会を回り、戒《いまし》めの意味を込めて自分の体験談を語るのです。

私がリハビリ治療を受けたアルコール専門病院は昨年「減酒外来」を始め、断酒会のなかでかなり話題になりました。しかし私たちに節酒は不可能です。「スルメはイカに戻れない」「沢庵《たくあん》は大根に戻れない」とはよく言ったものです。

日本には治療が必要なアルコール依存症患者は１００万人以上。そのうち治療を受けている人はわずか5万人前後だそうです。ほとんどの人が重篤《じゅうとく》な飲酒問題を抱えていながら放置しているというのが現状です。アルコール依存症の予備軍を含めると４４０万人という推計もあります。深刻な社会問題にも関わらず、アルコール依存症への理解は乏しいのです。

アルコール依存症は「否認《ひにん》の病《やまい》」といわれます。私も入院するまでは「俺は違う」とか、退院しても「俺は軽いから、いつでもやめられる」などと現実を受け入れませんでした。しかし、実態は既にお話しした通りです。

断酒はハードルが高いです。アルコール依存症を否認してしまう最大の理由は、好きな酒を二度と飲めなくなるなんて考えられないからです。飲酒を自分の人生から切り離すことなど想像できません。しまいには「酒で死ねたら本望だ」となるわけですが、酒を飲んだまま死ねる人など稀《まれ》です。酒の飲み過ぎで重篤な病気を発症《はっしょう》し、体中《からだじゅう》を管《くだ》で繋《つな》がれ、一滴も飲めずに亡くなってしまうのです。私も酒を飲んで行き倒れになることを望んだことがありますが、叶《かな》わない夢なのです。

アルコール依存症患者は間違いなく断酒を勧《すす》められます。飲む、飲まないのは本人の自由です。法律で罰せられることもなければ、二十四時間どこでも酒を手にすることができます。八年前にアルコールによる脳萎縮《のういしゅく》を指摘《してき》され「このまま飲み続けると若年性認知症になりますよ」と医師に脅《おど》されても、結局断酒ができませんでした。酒を手放すことの難しさは痛いほど良くわかります。ここ二年間で仕事仲間二人が重症アルコール性肝炎と末期のすい臓がんで、共に五十代で亡くなりました。アルコール依存症の平均寿命は五十二歳から五十三歳といわれますが、彼らも例外ではありませんでした。アルコール依存症そのもので命を落とすことはないですが、多量のアルコール摂取《せっしゅ》が重篤な病気を引き起こしてしまうわけです。断酒していればそんなに早く逝《い》かなくても良かったと思うと悔やまれます。

さて、話を私の体験に戻します。二か月間の休職を経て、復職した日に役員から呼び出され、いきなり降格処分を言い渡されました。青天《せいてん》の霹靂《へきれき》でした。早く復職したいと願って『いばしょ』と断酒会回りを頑張ってきた私にはあまりに酷な処分だと思いました。仕事のストレスも飲酒の原因だったので、納得はいきませんでした。しかし、私にはもはや抵抗する術《すべ》などなく、ただ受け入れるしかありませんでした。

今まで味わったことのない新た地獄が始まりました。入社以来ずっといた部署を異動させられ、特にこれといった仕事は与えてもらえません。

何の感情も表さず、決められた時間に出社し、漫然とデスクに向かい、インターネットで全国にある各断酒会のウェブサイトにアクセスし、そこに掲載されている体験談を読んだり、「アルコール依存症」というキーワードを入力してヒットする記事や動画を見たりして時間を過ごしました。誰とも会話を交わさない日々。終業時間になるとそそくさと会社を後にして断酒会場に向いました。「これでサラリーマン生活も終わった」「定年までの七年をどうやって過ごせばいいのだろうか」という不安に押しつぶされました。酷いうつ状態のなか、またしても自殺願望が出てきて、スマートフォンで「自殺」というキーワードを検索するようになっていました。「断酒を始めても事態は好転しない」「家庭にも会社にも自分の居場所がない」「解決しなければならない問題はなくなるどころか増える一方でないか」「もう死んでしまいたい」。

そんな私を救ってくれたのが断酒会でした。断酒会場に行くと「よく来たね」「会社辞めちゃだめだよ」など、仲間の人たちが励ましてくれました。とりとめのない私の体験談や愚痴を静かに聞いてくれました。誰にも認められない私の「承認欲求《しょうにんよっきゅう》」を満たしてくれるのが断酒会だったのです。酷いうつ状態が抜け始めたのは復職して三か月を過ぎた頃です。酒に逃げても何も解決しない。酒を飲むことなんていつでもできる、今は素面で前に進んでみようと腹をくりました。断酒の師匠である豊さんの「真っすぐな馬鹿になれ」です。

私はどうやら自己破壊的な行動を起こしやすく、メンタルが弱く、自尊心が低い人間のようです。セルフ・コンパッションという言葉があります。どんな状況にあっても、あるがままの自分を肯定的に受け入れられる心理状態だそうです。セルフ・コンパッションを高めることもまた回復に繋がると考え、常に意識するようにしています。再び断酒の道を選びましたが、一生続けられるかはわかりません。断酒会でみんなが口にする「一日断酒」を積み重ねていくだけです。

断酒は一人でもできます。しかし断酒継続となると一人では困難です。飲まない仲間のなかにいて断酒継続が可能となります。断酒会には「足で稼いで体で覚えろ」という言葉があります。自分の足を使って断酒会を回り、仲間の話に耳を傾け、自分に重ね合わせる。これこそが断酒の神髄《しんずい》なのかもしれません。

著者の豊さんは「否認の構造をガッチリと受け止めてくれるように手助けをしてくれたのが女医さんであり、認められた事実を吐き出し、心の中をスッキリさせてくれたのが断酒会の存在となる」と語っています。私は今、理解してくれる主治医と断酒会の仲間と『いばしょ』の仲間のお陰で酒が止まっています。酒をやめたいと少しでも考えているならば、専門病院を受診して、自助グループに繋がることをお勧めします。

本書を読んでいただいた皆さんと、これをご縁が生まれることを願ってやみません。

著者略歴

風見　豊（かざみ・ゆたか）

１９５０年、北海道北見市《きたみし》生まれ。３９歳の時にアルコール依存症と診断され、専門病院に入院。退院後、三鷹市断酒会《みたかしだんしゅかい》を経て、東京断酒新生会に入会。２００６年にＮＰＯ法人京王断酒会が運営する、自立支援センター『いばしょ』を立ち上げる。理事長として、アルコール依存症からの回復を目指《めざ》す本人やその家族の支援《しえん》を行っている。

アルコール依存症の正体
私という酒乱はこうして生まれた

2024年6月30日発行　　著　者　風見豊
発行者　向田翔一

発行所　株式会社22世紀アート
〒103-0007
東京都中央区日本橋浜町3-23-1-5F
電話　03-5941-9774
Email: info@22art.net　ホームページ：www.22art.net

発売元　株式会社日興企画
〒104-0032
東京都中央区八丁堀4-11-10 第2SSビル 6F
電話　03-6262-8127
Email: support@nikko-kikaku.com
ホームページ：https://nikko-kikaku.com/

印刷
製本　株式会社PUBFUN

ISBN：978-4-88877-298-3